Sandra Waldermann-Scherhak

DAS TAO DER ACHTSAMKEIT

Mit Herzensbildung und positiver Psychologie zur Lebensfreude

Schirner Verlag

ISBN 978-3-8434-1215-5

Sandra Waldermann-Scherhak:
Das Tao der Achtsamkeit
Mit Herzensbildung und positiver
Psychologie zur Lebensfreude

Umschlag: Murat Karaçay, Schirner,
unter Verwendung von
»Vector sun arabesque background«,
designed by Freepik.com, www.freepik.com
Layout: Marion Mayer, www.riondesign.de
Lektorat: Karin Garthaus, Schirner
Printed by: Ren Medien GmbH, Germany

www.schirner.com

1. Auflage September 2015

Inhalt

Widmung **5**

Vorwort **6**

Einleitung **8**

Achtsamkeit **13**

Das Leben bewusster und intensiver wahrnehmen 19

7 Aspekte, die Achtsamkeit fördern **27**

1. Nicht beurteilen 27

2. Geduld 34

3. Den Anfängergeist bewahren 39

4. Vertrauen in die eigene innere Weisheit 44

5. Nach nichts streben 48

6. Akzeptanz 53

7. Loslassen 59

Sich selbst entdecken 66

Der achtsame Umgang mit Wut 68

Darum achte auf deine Worte 72

Leben im Hier und Jetzt 75

Bewusste Auszeit zum Auftanken 77

Herzensbildung **81**

Öffne dein Herz 84

In hohen Tönen von sich sprechen 86

Zwischen Gut und Böse ... 88
Ernten, was man sät ... 90
Reden ist Silber – Handeln ist Gold! ... 94
Vergebung schenkt Frieden und Freiheit ... 97
Verbundenheit und Zusammengehörigkeit ... 101

Positive Psychologie ... 105

Resilienz ... 107
Zeit für Glücksgefühle ... 108
Das Leben im Fluss ... 111
Den Sinn des Lebens finden ... 113
Wie du dein Leben erblühen lässt ... 114
Schaue auf das, was gut ist ... 116
Schaue, wofür du dankbar bist ... 117
Zufällige Handlungen der Güte ... 121
Sei die Liebe in Aktion ... 123
Gib, ohne zu erhalten ... 128
Die eigenen Stärken stärken ... 129
Aus Fehlern lernen und daran wachsen ... 133
Und täglich grüßt das Murmeltier ... 135

Nachwort ... 140

Worte zum Dank ... 141
Über die Autorin ... 142
Bildnachweis und Literaturverzeichnis ... 143

Widmung

Ich widme dieses Buch allen Menschen, die auf dem Weg des Erwachens sind, die sich ihrer vollen Präsenz bewusst werden, die uneingeschränkt ihre Gedanken, Gefühle und Körperempfindungen wahrnehmen möchten, die bereit sind, ihre Ängste und Zweifel zu erkennen und neuen Mut und Kraft aufzubringen, und die dem Leben offen und neugierig begegnen wollen. Es ist für alle Menschen, die sich bewusst für ein glückliches und gesundes Leben entscheiden – für alle, die erkannt haben, dass es an der Zeit ist, seine innere Weisheit zu entdecken und die Kraft des Herzens zu aktivieren, um mehr Liebe und Mitgefühl zu erwecken ... und ganz besonders für diejenigen, die bestrebt sind, die Welt, in der wir leben, zu einem besseren Ort zu machen, sodass sich alle Wesen glücklich und zufrieden fühlen.

Es gibt nur eine Zeit,
in der es wesentlich ist aufzuwachen.
Diese Zeit ist jetzt.
(Buddha)

Vorwort

Die Kombination der Themen Achtsamkeit, Herzensbildung und Positive Psychologie machen »Das Tao der Achtsamkeit« zu einem interessanten und wertvollen Buch. Es verbindet buddhistische Weisheitsgeschichten, psychologisches Wissen und herzbildende Spiritualität miteinander. Zu jedem Kapitel bietet dieses Buch praktische Übungen an, damit du dich den drei Themenbereichen spielerisch annähern und tiefer mit ihnen beschäftigen kannst. Wandlung und Transformation entstehen aus Bewusstwerdung, gänzlich können sie aber nur in der Handlung vollendet und verwirklicht werden. Daher habe ich das Buch aus zwei Beweggründen geschrieben: zum einen, um Denk- und Fühlanstöße zu geben, und zum zweiten, um konkrete Anregungen zum Handeln anzubieten. Ich habe es für Menschen geschrieben, die sich mit den drei Themen befassen möchten und gezielte Übungen für die Anwendung im Alltag suchen. Mein Anliegen als Autorin ist, wie auch schon in meinen anderen Büchern, dich mit auf eine spirituelle Reise zu nehmen, auf der du dich selbst entdecken und dir selbst näherkommen kannst. Die Übungen sind als kleine experimentelle Abenteuer zu verstehen; durch sie lernst du, zu erkennen, welche Anteile, Muster, Prägungen oder auch Gedanken und Glaubenssätze dir nicht mehr dienlich sind und was du verändern und befreien kannst, damit dein Körper, dein Geist und deine Seele wieder in harmonischen Einklang kommen. Meine Vision klingt vielleicht utopisch, ist aber durchaus ernst gemeint, denn für mich geht es darum, neue Wege und Möglichkeiten zu finden, um die Welt zu einem friedlicheren Ort zu machen. Dir bleibt es dabei freigestellt, inwieweit du an dieser Vision teilhaben und welchen Beitrag du dazu leisten möchtest. Neugierig dein Innerstes beleuchten, oder besser gesagt immer mehr zu »erleuchten«, um deine wahre Kraft zu entdecken. Um anderen in dunklen Momenten ihres Lebens etwas Licht zu spenden und sie an die eigene innere Kraft erinnern, wenn sie es vergessen haben und sich von allem getrennt und einsam fühlen. Wir alle sollten nicht vor dem Leben flüchten, sondern uns dem Leben voller Offenheit und Vertrauen stellen und lernen, ihm auf ganz besondere Art und Weise zu begegnen: *achtsam, herzoffen sowie positiv denkend und fühlend.*

Danke, dass du dich für dieses Buch entschieden hast. Ich wünsche dir von ganzem Herzen heilsame Bewegungen des Geistes, des Körpers und der Seele.
Mögest du Freiheit, Frieden und Heilung erfahren auf allen Ebenen deines Seins!

Einleitung

Wir befinden uns in der Zeit des erwachenden Bewusstseins, in der ein großer Wandel stattfindet. Die daraus folgende Entwicklung kann für jeden Einzelnen sehr tief greifend sein und ist kollektiv betrachtet elementar für die gesamte Welt. Es ist zu beobachten, dass immer mehr Menschen auf der Suche nach Bewusstsein und Erkenntnis sind, und dadurch beginnt das globale Erwachen. Nur wer bereit ist, seine Sicht- und Handlungsweisen zu hinterfragen und sie zu verändern, kann alte Muster und Prägungen aufgeben, was eine innere Befreiung und die Entdeckung des göttlichen Selbst mit sich bringt. Das göttliche Selbst zu entdecken, bedeutet, die wahre Natur des Seins mit allen wunderbaren Fähigkeiten, die uns zur Verfügung stehen, zu erkennen. Die gesamte Menschheit befindet sich sozusagen in einer Zeit der spirituellen Revolution, die eben nicht politischer, wirtschaftlicher, wissenschaftlicher oder technologischer Natur ist, aber Auswirkungen auf eben alle diese Bereiche hat. Während der spirituellen Revolution verschieben sich die Werte der Menschen, und so wandeln sich allmählich Konkurrenzverhalten, Wettbewerb, Unehrlichkeit, Angst, Macht und Habgier in Integrität, Verbundenheit, Wahrhaftigkeit, Authentizität, Liebe und Mitgefühl. Die Menschen spüren ein regelrechtes Verlangen, ihren wahren Kern zu erreichen, und haben den tiefen Wunsch, das eigene Potenzial zu leben, um Gutes für sich selbst und andere zu bewirken. Jedes Lebewesen besitzt eine energetische Existenz, ja, sogar das gesamte Universum besteht aus Energie, und wir werden gewahr, dass alles miteinander verbunden ist und nichts voneinander getrennt existiert. Jeder Gedanke, jedes Wort und jede Tat haben eine unmittelbare Auswirkung und bedingen sich gegenseitig. Da Energien niemals verloren gehen, können wir alte, nicht mehr dienliche Energien transformieren, indem wir unsere Sichtweise und Haltung zu ihnen verändern. Glücklicherweise hält die Spiritualität in viele Bereiche des Lebens Einzug, und viele Dinge, die lange Zeit im Verborgenen lagen, kommen nun an die Oberfläche und werden aufgedeckt. Denn nur das, was sichtbar ist und wahrhaftig angeschaut wird, kann Transformation und Heilung erfahren. Wir erhalten jetzt die große Chance, alles Unheilsame wahrzunehmen, zu erkennen, zu verstehen und anzunehmen, um es letztendlich in einen heilsamen Zustand zu bringen. Buddha Siddhartha Gautama, der vor ca. 2500 Jahren in Indien lebte, hat das Erwachen als »das Ende des Leidens« bezeichnet. Leid wird erzeugt, wenn wir uns einer möglichen Veränderung widersetzen. Leid entspringt somit einzig aus unserem Denken und Tun, niemals aus der Sache oder Situation selbst. In unserer Zeit des Übergangs sind wir Menschen eingeladen, endlich vollständig zu erwachen und für eine friedvollere Welt zu sorgen. Es ist essenziell, sich zu besinnen, immer wieder innezuhalten, zu beten, zu meditieren und dankbar zu sein. Jeder kann das auf seine Art und Weise tun. Es geht auch darum, die eigenen Schattenseiten zu erkennen, denn nur wer bereit ist, diese anzuschauen und zu akzeptieren, kann sie integrieren und dadurch auch sein eigenes wahres Licht erkennen. Wir können mit der bedingungslosen Liebe, die in jedem Herzen wohnt, in Berührung kommen und sie zum Ausdruck bringen. Die Einstellung der Menschheit wandelt sich vom Denken zum Fühlen, und viele spüren, dass es besonders wichtig ist, das Herz zu öffnen, um die Herausforderungen der Neuen Zeit anzunehmen und einen eigenen Anteil dazu beizutragen, indem jeder sein wahres Potenzial entdeckt und seine wahre Berufung lebt – zum Wohle aller auf der Welt.

Was ist mit »Tao der Achtsamkeit« gemeint?

Der Begriff »Tao« stammt aus der fernöstlichen Tradition und bedeutet übersetzt »der rechte Weg«. Da unser Leben und jede Erfahrung, die es für uns bereithält, individuell sind, entfaltet sich das Tao für jeden Einzelnen anders. Dementsprechend ist mit »Tao der Achtsamkeit« gemeint, sich auf den achtsamen Weg zu begeben. Ein achtsames Leben zu führen bedeutet, sich dem gegenwärtigen Moment mit einer nicht wertenden und annehmenden Haltung zuzuwenden und geschehen zu lassen, was wir gerade denken und fühlen – ohne es verändern zu wollen. Diese Haltung hilft uns dabei, ein tieferes Verständnis für uns selbst und andere zu entwickeln. Wir erlangen mehr Bewusstheit und Gelassenheit, um die eigenen Handlungsspielräume zu vergrößern. Das Leben unterliegt Zyklen, und wir können es mit dem Rhythmus von Ebbe und Flut vergleichen: Es ist ein stetiges Kommen und Gehen – ein Werden und Vergehen und wieder Neuwerden. Auf dem achtsamen Weg durchlaufen wir einen stetigen Prozess der Entwicklung. Das Leben schenkt uns zahlreiche Erfahrungen, die uns die Möglichkeiten bieten, seelische Reife und Wachstum zu erlangen. Wenn wir uns dem Leben achtsam zuwenden, lernen wir, zu verstehen, dass nichts in unserem Leben statisch verläuft oder endgültig ist, sondern dass wir jederzeit Wandlung und Heilung erfahren können, wenn wir bereit sind, Altes loszulassen und uns für Neues zu öffnen. Jedes Ende eines Weges ist gleichzeitig immer auch der Anfang eines neuen Weges. Somit kann Tao auch mit »der weglose Pfad« übersetzt werden, der uns hilft, vertrauensvoll im Fluss des Lebens voranzuschreiten. In der Hektik des Alltages dürfen wir wieder lernen, für uns zu sorgen und uns regelmäßige Auszeiten zu schenken, in denen wir zur Ruhe kommen und neue Kraft tanken. Wenn wir lernen, im Zustand des reinen

Seins zu verweilen, können wir das Leben und alles, was uns widerfährt, aus einer anderen Sichtweise betrachten, so, als würden wir es von einer höheren Ebene aus betrachten. Wir lernen, aufmerksam zu sein und dem Leben mit Wachheit, Offenheit und voller Präsenz zu begegnen. Diese gesunde Distanz ermöglicht es uns, aus unbewussten Gedanken- und Verhaltensstrukturen auszusteigen, alte Gefühlsmuster zu durchbrechen und dadurch zu einem bewussteren Leben zu finden. Wenn wir achtsam sind, können wir uns selbst und die Welt ganz neu wahrnehmen. Unsere Seele gewinnt an Leichtigkeit, sodass mehr Lebensfreude und Glücksgefühle in unser Leben strömen.

Achtsamkeit

Was auch immer wir tun – wenn wir achtsam sind, dann geschieht jede unserer Handlungen aus der inneren Kraft und Weisheit unseres Herzens heraus. Wenn wir Achtsamkeit praktizieren, können wir diese auch in extrem schwierigen Lebensumständen anwenden, selbst dann, wenn wir meinen, keinen direkten Einfluss auf das zu haben, was in unserem Leben geschieht. In Krisen hilft uns Achtsamkeit, besser mit Schmerz und Leid umzugehen, und zeigt uns neue Wege auf, diese zu wandeln und neues Vertrauen in die eigene innere Führung zu entwickeln. Angebunden zu sein an unsere innere Kraftquelle, lässt uns Klarheit und Wachstum erfahren. Wir können dann heilsame Wege beschreiten, auf denen neue Lebensenergie ins Fließen kommt. Durch die Praxis der Achtsamkeit erfahren wir eine Reinigung auf allen Ebenen unseres Seins – dadurch werden Körper, Geist und Seele wieder zu einer perfekten Einheit. In diesem Moment der Ganzheit fühlen wir uns zufrieden, glücklich, vollständig und mit allem verbunden – wir sind eins mit allem, was ist. Achtsamkeit fördert auch unseren Optimismus, denn durch sie gewinnen wir neue Lebensfreude und aktivieren zeitgleich unsere Selbstheilungskräfte. Eine achtsame Haltung kann wie ein wärmender Schutzmantel sein, der uns hilft, Schmerz, Kummer und Leid sanft zu überwinden und uns für all das Schöne und die Einzigartigkeit eines jeden neuen Augenblicks neu zu öffnen. Leid und Schmerz entstehen in uns durch Ablehnung und innere Widerstände sowie durch unerfüllte Wünsche und Bedürfnisse: Wir überhören und übersehen das, was wir wirklich benötigen, um gesund und glücklich zu sein. In der Achtsamkeitspraxis können Widerstände, Blockaden, also innere und äußere Kämpfe, überwunden werden, und Selbstfürsorge, Liebe und Mitgefühl werden erweckt. Wenn wir uns unser Leid, unsere Krankheit oder unseren Kummer bewusst machen und sie als Hinweise oder weise Ratgeber akzeptieren, die uns darauf aufmerksam machen, dass etwas in uns und in unserem Leben aus dem Gleichgewicht geraten ist, können wir lernen, diesen veränderten Zustand dankbar anzunehmen, anstatt ihn abzulehnen. Wir werden gewahr, dass alles in unserem Leben einem stetigen Zyklus unterliegt und vergänglich ist. Kein Zustand – sei er gut oder schlecht – ist ewig. Es ist ein Kommen und Gehen – ein Werden und Vergehen und ein wieder Neuwerden. Somit wird die Achtsamkeit als Weg verstanden, der uns hilft, Altes und nicht mehr Dienliches loszulassen, um den Geist zu klären und das Herz zu öffnen, damit wir Raum schaffen um empfangen können, was gut und heilsam ist. Indem wir unseren Geist und seine Geistesinhalte beobachten, begreifen wir, was und wie wir tatsächlich denken. Wir kommen dadurch auch mit allen Gefühlen und unserem Körper in Berührung und spüren, was wirklich in uns lebt.

»In der Meditation strebst du nichts an,
du brauchst nichts zu leisten und nichts erreichen –
du erlebst einfach dein Sein.«

Achtsamkeit steigert das Wohlbefinden und die Gesundheit

Eine Vielzahl medizinischer und psychologischer Studien hat mittlerweile bewiesen, dass die Achtsamkeitsmeditation, im täglichen Leben angewendet, eine immense Stressreduzierung zur Folge hat. Auch bei einer Vielzahl von stressbedingten Erkrankungen kann sie eine äußerst wirksame und lindernde Maßnahme sein. Achtsamkeit hilft uns, auch in schwierigen Situationen wieder bei uns selbst anzukommen. Mit ihrer Unterstützung entwickeln wir Ruhe und Gelassenheit, stärken unser Immunsystem, finden unsere innere Balance und können unser seelisches Gleichgewicht trotz schwieriger äußerer Umstände wiederherstellen. Auch durch negatives Denken ausgelöste Ängste und Depressionen können mithilfe der Achtsamkeitspraxis gelindert oder überwunden werden. Wir lernen, unseren Geist zu schulen und zeitgleich mit unseren Gefühlen und Körperempfindungen in Kontakt zu kommen. Durch das Erleben im Hier und Jetzt können wir alte, schädliche Blockaden, Muster, Prägungen und Abhängigkeiten unserer Vergangenheit erkennen und lösen. Wir lernen, im gegenwärtigen Moment zu verweilen und uns von altem Ballast zu befreien. Wenn wir den Geist klären und den Raum für etwas Neues offenhalten, dann können wir viel leichter Hoffnung, Zuversicht und Vertrauen in die Zukunft haben. Indem wir bereit sind, das Leben so anzunehmen, wie es wirklich ist, können wir unsere Spiritualität entwickeln, unsere Verbundenheit zur Natur stärken und dabei tiefen inneren Frieden finden. Auch auf die kleinen Dinge des Lebens Wert zu legen, schenkt uns Gelassenheit und Geduld, dem natürlichen Prozess des Lebens zu vertrauen. Wir können infolgedessen eine neue Lebensqualität erfahren und ungeahnte Kräfte schöpfen.

»Achtsamkeit stellt den Kontakt zwischen Körper, Geist und Seele wieder her und lässt sie zu einer Einheit werden.«

Mögliche Hindernisse und Widerstände erkennen

Viele Menschen haben das Bild eines sitzenden Buddhas oder eines kahlköpfigen, in ein orangenes Gewand gekleideten Mönchs vor Augen, wenn sie das Wort »Achtsamkeit« oder »Meditation« hören. Für die meisten bedeutet meditieren dementsprechend, eine bestimmte Zeit lang still zu sitzen, sich nicht zu bewegen und bloß nichts zu denken! Da dieses Bild leider in den Köpfen vieler Menschen existiert, lehnen einige diese Praxis ab und wagen es gar nicht, mit dem Meditieren zu beginnen. Immer wieder höre ich Menschen sagen: »Ich kann aber nicht so lange still sitzen« oder »Meine Gedanken kreisen ständig um etwas«, »Dafür habe ich innerlich gar keine Ruhe«, »Ist mir viel zu unbequem, so lange auf dem Boden zu sitzen« oder »Mein Körper schmerzt, und ich werde unruhig«. Eine besonders weit verbreitete Aussage ist: »Ich habe im Alltag schon so viel zu tun, dass mir dafür wirklich keine Zeit mehr bleibt«! Vielleicht kennst du das eine oder andere Argument auch? Wenn mindestens eine Aussage davon auch auf dich zutrifft, dann darf ich dich beruhigen: Wie du siehst, geht es dir genauso wie vielen anderen Menschen auch.

Aber stimmen diese Aussagen wirklich, wenn wir sie einmal genauer betrachten? Ohne Frage ist unser Leben von Arbeit, Stress und Hektik geprägt, und wir sind alle so beschäftigt und eingespannt, dass uns kaum noch Luft zum Atmen bleibt und wir uns nur selten Zeit nehmen, um wieder aufzutanken. Sicherlich finden wir auch immer mindestens einen Grund, warum wir nicht mit etwas Neuem beginnen. Meist steckt ein negativer Glaubenssatz oder die Angst vor Veränderung dahinter. Fakt ist jedoch, dass Meditation keinerlei negative Auswirkungen auf unser Leben hat – ganz im Gegenteil! Meditation dient der Stressreduzierung, fördert unsere Entspannung und trägt dadurch zur Verbesserung unsere Gesundheit bei – und das ist wissenschaftlich erwiesen. Nimm dir eine gewisse Zeit, um es einfach einmal auszuprobieren, wie es ist, achtsam zu sein oder zu meditieren – ganz ohne Zwang, einfach, um eine Erfahrung zu sammeln und zu schauen, was das mit dir macht.

Was geschieht bei der Achtsamkeit

Achtsamkeit bedeutet, vollkommen präsent zu sein und ganz bewusst wahrzunehmen, was im gegenwärtigen Moment passiert, und dabei wertfrei zu sein, sprich frei von Gedanken und Gefühlen der Vergangenheit oder der Zukunft. Eine achtsame Haltung befähigt uns, dem Leben auf besondere Weise zu begegnen – voller Wachheit, Aufmerksamkeit, Respekt und frei von jeglichen Urteilen. Nichts wird bewertet, abgelehnt oder verdrängt, sondern so wahrgenommen und angenommen, wie es gerade ist – ohne den Wunsch, es verändern zu wollen! Diese aufmerksame Haltung ermöglicht uns Klarheit und Gelassenheit und schaltet unseren Autopiloten aus, denn wir werden bewusster im Denken und Fühlen und können somit auch Einfluss auf unser Verhalten und unsere Handlungen nehmen. Wenn wir achtsam sind, dann öffnen wir alle unsere Sinne: Wir sehen, hören, fühlen, riechen und schmecken bewusster. Bei Alltagstätigkeiten wie dem achtsamen Duschen, dem Essen und Trinken können wir alle Sinne am besten einsetzen und wundervolle Erfahrungen machen. Indem wir Achtsamkeit in unser Leben bringen, können wir jeden Moment der Gegenwart noch stärker erleben und intensiver auskosten. Wenn wir achtsam sind, dann sind wir vollkommen präsent und bereit, uns für alle wunderbaren und schönen Dinge, die uns das Leben bietet, vollständig zu öffnen. Durch gelebte Achtsamkeit können wir erfahren, dass das Leben etwas Einzigartiges und Kostbares ist, und dadurch noch mehr Freude, Liebe und Dankbarkeit entwickeln. Achtsamkeit ist der Schlüssel zu einem bewussten und erfüllten Leben, weil wir lernen, jeden Moment wirklich wahrzunehmen, uns unserer eigenen Präsenz bewusst zu werden und mit unserem reinen Sein in Verbindung zu treten. Uns selbst als bewusst zu erleben, kann auch helfen, mit Problemen und Schwierigkeiten des Lebens besser umzugehen.

Die Meditationspraxis ist ein wichtiger Teil, sozusagen die Voraussetzung für das Erlernen von Achtsamkeit. Alle Gedanken und Gefühle, die bei der Achtsamkeitsmeditation entstehen und sich zeigen, werden nicht ignoriert, unterdrückt, analysiert, bewertet oder verurteilt. Stattdessen betrachten wir in jedem Moment alles, was in unserem Bewusstsein gegenwärtig entsteht – wach, aufmerksam und so genau wie möglich, jedoch ohne es zu bewerten oder verändern zu wollen. Achtsamkeit erlaubt es uns, klar, neugierig und offen für die gesamte Fülle unserer Wahrnehmungen zu sein. Wir können in jedem gegenwärtigen Moment unsere Achtsamkeit auf unseren Körper, unsere Gefühle, unseren Geist und alle äußeren und inneren Dinge lenken.

*»Begib dich in den Strom des Lebens,
und lasse dich vertrauensvoll tragen.«*

Achtsamkeit fördert die spirituelle Entwicklung

Achtsamkeit kann auch deine spirituelle Entwicklung fördern, denn sie ist der Schlüssel, um dir selbst nahezukommen, deinen inneren Wesenskern und das wahre Leben zu erkennen. Wenn du lernst, in allen Bereichen des Lebens, im Beruf, in der Freizeit, in all deinen Beziehungen und gegenüber der Umwelt, achtsamer zu sein, kannst du zunehmend glücklicher, gelassener, zufriedener und somit auch gesünder werden. Achtsamkeit hilft dir dabei, dein inneres Gleichgewicht zu finden, was dazu führt, dass du das Gefühl von Befreiung und tiefem Frieden erfahren kannst. Eine achtsame Haltung trägt dich auch in schweren Zeiten und in Phasen der Veränderung, weil sie dich erkennen lässt, was wirklich ist, damit du dich dem zuwenden kannst, was gut und heilsam für dich ist. Übst du dich in Achtsamkeit, lernst du die einzigartigen und Freude bringenden Aspekte des Lebens kennen. Du kommst mit Menschen, Tieren, Orten, Dingen und Begebenheiten auf eine ganz besondere Art und Weise in Berührung. Du erkennst plötzlich ihre Wahrhaftigkeit und Einzigartigkeit, die du andernfalls vielleicht gar nicht bemerkt hättest. Wenn du dich in Achtsamkeit übst, kannst du Klarheit und Reinigung auf allen Ebenen deines Seins erfahren, und Körper, Geist und Seele werden wieder zu einer Einheit. Dadurch kannst du auch das wundervolle Gefühl des Einsseins erleben, weil du dich im absoluten Einklang mit dir selbst, mit anderen und der Welt erlebst.

Das Leben bewusster und intensiver wahrnehmen

Wenn du dazu bereit bist, mehr Achtsamkeit zu kultivieren, kann dein Leben ein wahres Kunstwerk werden, weil du mehr Bewusstheit, Freiheit und Frieden erschaffst. Wenn du Achtsamkeit als Same einer Blume betrachtest und du möchtest, dass diese Blume in deinem Garten wächst, sich fest in der Erde verwurzelt und wundervolle Blüten hervorbringt, an denen du dich täglich aufs Neue erfreuen kannst, dann kann das nur gelingen, wenn du den Samen aussäst.

Du musst ihm Zeit zum Wachsen geben, ihn pflegen, wässern und ihm deine volle Aufmerksamkeit zukommen lassen. Durch deine Geduld und deine liebevolle Zuwendung wird die Blume gedeihen und weiterwachsen. Säe jetzt den Samen der Achtsamkeit in deinem Garten, und lasse die Blume, die daraus erwächst, immer weiter gedeihen. Wende dich ihr in Liebe zu, und sorge für ihr Wohlergehen. Fördere ihr Wachstum, indem du täglich für sie sorgst. Lasse sie zu einer einzigartigen, wundervollen und kräftigen Blume heranwachsen, die in der Sonne ihre volle Farbenpracht zeigt, kraftvoll ist und auch den ärgsten Sturm überstehen kann. Achtsamkeit ist der Samen für Erleuchtung, Bewusstsein, Fürsorge, Verständnis und Mitgefühl. Mache dir bewusst, dass der Samen bereits in dir angelegt ist. Bedenke, dass jede Blume zuerst als Samen einige Zeit in Abgeschiedenheit und Dunkelheit verweilt, bevor sie aus der Erde ans Licht tritt, heranwächst und in voller Pracht erblüht.

»Nur mit dem achtsamem Blick erkennen wir die Ganzheitlichkeit einer Blume: Samen, Erde, Regen, Sonne und Wind sind in ihr vereint.«

Der Sinn und Zweck der Achtsamkeitsmeditation

Es gibt Menschen, die meditieren, weil sie erwarten, dass es ihnen danach besser geht. Bei der Achtsamkeitsmediation geht es aber weniger darum, sich besser zu fühlen. Es geht vielmehr darum, für den Moment aufmerksam zu sein und achtsam wahrzunehmen, was sich gegenwärtig zeigt. Es kann durchaus passieren, dass wir uns in der Meditation auch einmal unwohl fühlen, da Unbewusstes und Verborgenes ans Licht kommen und somit sichtbar und spürbar werden. Der Sinn und Zweck der Achtsamkeitsmeditation liegt darin, dass wir lernen, bei uns zu bleiben, ganz egal, was gerade geschieht, und weiterhin dem, was sich gegenwärtig zeigt, wertfrei zu begegnen. Es geht darum, alle aufkommenden Gedanken und Gefühlen nicht als gut oder schlecht, richtig oder falsch, angenehm oder unangenehm oder mit »will ich« oder »will ich nicht« zu bewerten. Wenn wir meditieren, können wir unseren Geist und seine Geistesinhalte beobachten, ohne uns von ihnen beeinflussen und ablenken zu lassen. Wir halten auch nicht länger an ihnen fest und haften den Gefühlen, die damit einhergehen, nicht weiter an. Es ist nicht immer so, dass wir entspannt und glücklich aus einer Meditation kommen. Während dieser können auch Ruhelosigkeit, Langeweile, Ungeduld oder auch körperliche Schmerzen aufkommen. Unser Geist ist dann sehr rege und kann Gründe hervorbringen, nicht zu meditieren, zum Beispiel: »Höre besser damit auf«, »Heute klappt es einfach nicht«, »Du musst etwas anderes dringender erledigen«, »Gerade ist nicht der richtige Zeitpunkt zum Meditieren« usw. Aber anstatt diese aufkommenden Gedanken und Gefühle zu verdrängen oder ihnen auszuweichen, sollten wir lernen, konsequent weiterzumeditieren. Trotz der Widerstände können wir unsere Aufmerksamkeit auf unsere Atmung lenken und in der gegenwärtigen Situation verbleiben. Wir können uns in Stille üben, damit Körper, Geist und Seele zur Ruhe kommen. Auch unangenehme Zustände zu erleben, innere Widerstände wahrzunehmen und trotzdem inmitten dieses Erlebens bei sich zu bleiben, sich erlauben, im gegenwärtigen Moment zu verweilen, ohne ihn verändern zu wollen, gehört zur Achtsamkeitsmeditation. Wenn wir lernen, diesen Zuständen beim Meditieren auf dem Sitzkissen mit dieser Haltung zu begegnen, dann ist das das beste Training für uns. So schaffen wir die Voraussetzung dafür, auch aufkommenden Problemen im Leben auf achtsame Art und Weise zu begegnen. Wir üben sozusagen in der Meditation, auf dem Sitzkissen oder auf der Matte liegend, jene achtsame Haltung, um sie dann in unser Alltagsleben überführen zu können. Wir üben uns darin »zu sein« mit allem, was ist und auch immer kommen wird.

»In der Meditation strebst du nichts an,
du brauchst nichts zu leisten und nichts zu erreichen –
du erlebst einfach dein Sein.«

Den Geist erforschen – das Herz öffnen

In der Meditation machen wir uns zu eigen, den Geist zu erforschen und das Herz zu öffnen. Wir lernen, alle aufkommenden Gedanken und Gefühle wahrzunehmen und in einem nächsten Schritt das Vorhandensein der Gefühle anzuerkennen, sprich, sie vollständig anzunehmen und ihnen einen Platz zu geben. Wenn keine Gedanken oder Gefühle da sind, ist das auch in Ordnung. Das kann vorkommen. Dann gilt es, anzuerkennen, dass da gerade keine Gedanken und Gefühle sind. Mehr nicht. Es geht nicht darum, zwischen gut und schlecht zu unterscheiden oder »Bei mir ist das aber anders als bei anderen« zu denken. All das spielt keine Rolle. Wenn während der Meditation ein heilsamer Gedanke auftaucht, nimm ihn wahr, und wenn ein schädlicher Gedanke auftaucht, nimm ihn ebenfalls wahr. Versuche nicht, deine Gedanken zu verändern, sie zu analysieren oder zu bewerten. Es reicht, diesen Gedanken zu bemerken, ihn zu erkennen und ihn sein zu lassen, wie er ist – das heißt, ihn anzunehmen. Wenn du auf diese Weise verfährst, wirst du deine Gedanken und Gefühle immer besser und bewusster kennenlernen. Manche Menschen, die sich regelmäßig in Meditation üben, suchen nicht nur eine Auszeit zur Entspannung, sondern sie hoffen, auch Einsichten und Erkenntnisse zu erlangen – sie begeben sich dadurch auf den Weg zum Erwachen und zur Erleuchtung.

»In der Achtsamkeitsmeditation üben wir uns darin vom Tun-Modus in den Sein-Modus wechseln.«

Die Formale Meditation – meditieren im Sitzen, Liegen oder Gehen

Achtsamkeit ist ein körperlicher und geistiger Zustand, in dem wir uns selbst und unser Leben wacher und bewusster erfahren können. Die formale Meditation hilft uns dabei, eine achtsame Haltung auf dem Meditationskissen oder Meditationsbänkchen zu üben, um sie dann in den Alltag zu integrieren. Bei der formalen Meditation werden klassischerweise die Sitzmeditation, die Gehmeditation und der Body-Scan (Körperreise) geübt. Die formale Meditation ist sozusagen das erste und wichtigste Übungsfeld, bevor es uns gelingt, die Achtsamkeit in das tägliche Leben zu übertragen. Warum wir üben müssen, wird vielleicht an folgendem Beispiel deutlich: Das Gehirn funktioniert wie ein »geistiger Muskel«, den wir in der Meditation trainieren können. Wenn wir also mehr Achtsamkeit in unser Leben bringen wollen, dann führt kein Weg daran vorbei, geduldig zu sein und regelmäßig zu üben. Wie beim Sport oder beim Erlernen eines Musikinstrumentes muss man stetig trainieren. Niemand würde auf den Gedanken kommen, ohne Vorbereitung einen Marathon zu laufen oder ein Klavierkonzert zu geben. Wer nicht allein nur mit einem Buch oder einer CD beginnen möchte oder dauerhafte Unterstützung benötigt, damit eine gewisse Regelmäßigkeit beibehalten wird, kann einen Achtsamkeitskurs besuchen oder sich einer Meditationsgruppe anschließen.

Informelle Meditation – die Achtsamkeit in den Alltag bringen

Wenn wir lernen, immer öfter und länger im gegenwärtigen Moment zu verweilen, öffnen wir alle unsere Sinne und können allem, was sich uns gegenwärtig zeigt, unsere volle Aufmerksamkeit schenken. Wirklich voll und ganz bei dem zu sein, was wir gerade tun, und sich dabei nicht ablenken zu lassen, verändert unser Verhalten. Bei der informellen Meditation bringen wir die Achtsamkeit gezielt in unseren Alltag. Wir können jedes Tun in achtsame Handlungen verwandeln – sei es das Zähneputzen, Haarekämmen, Duschen, Essen, Trinken, Arbeiten oder wenn wir lesen, gehen, kochen oder einem Hobby nachgehen. Wir gewöhnen uns daran, bei dem zu bleiben, was wir tun, ohne uns ablenken zu lassen: Wenn wir essen, dann essen wir – wenn wir arbeiten, dann arbeiten wir – wenn wir uns ausruhen, dann ruhen wir usw. Wir bleiben immer bei einer Sache und schweifen nicht ab. Probiere es doch einmal aus, und du wirst sehen, dass du alle deine Handlungen viel bewusster und intensiver wahrnehmen kannst.

Achtsam zu sein, schafft fokussierte Energie, und diese hilft uns, jederzeit präsent zu sein und das Leben im Hier und Jetzt zu leben. Wenn wir uns der Welt und ihrer Missstände bewusst werden, dann können wir mithilfe der Achtsamkeit herausfinden, wie wir unseren persönlichen Beitrag für eine bessere Welt leisten können. Wenn wir in schwierigen Situationen die Bewusstheit über unseren Atem behalten und wir uns darin üben, freundlich zu sein und zu lächeln, wird das die Art, wie wir handeln, verändern. Das kommt uns selbst und auch anderen Menschen, Tieren und Pflanzen und der Welt als Ganzes zugute. Wenn wir lernen, bewusst und achtsam im Umgang mit uns selbst und anderen zu leben, können wir Mitgefühl, Freiheit und Frieden sowie echte Verbundenheit erschaffen.

»In der Achtsamkeit lernst du, deinen Geist zu lenken – und nicht umgekehrt!«

Warum das Erlernen der Achtsamkeit Sinn ergibt

Es ist ganz einfach: Indem du lernst, deinen Geist zu klären und deine Gedanken loszulassen, kannst du dich mental reinigen und befreien. Da Körper, Geist und Seele eins sind, führt das automatisch dazu, dass du dich auf allen Ebenen deines Seins entspannst und neue Kraft tankst. Wenn du lernst, dich locker zu machen, dann kann sich dein Schlaf verbessern, du kannst unter Umständen auch weniger Schmerzen empfinden und insgesamt aktiver, kraftvoller und lebendiger werden. Ein Achtsamkeitskurs ist gleichermaßen für Menschen geeignet, die nach Selbsterkenntnis und innerem Wachstum streben, wie auch für erkrankte Menschen mit akuten oder chronischen Beschwerden. Mittlerweile weiß auch die Schulmedizin um den heilsamen Effekt der Achtsamkeitsmeditation. Besonders bei Erkrankungen, die durch Stress entstehen, zum Beispiel Depressionen oder Burn-out, wie auch bei Erkrankungen, die das Immunsystem schwächen, zum Beispiel Krebs, hat sich die Praxis der Achtsamkeit bewährt und sehr gute Erfolge ermöglicht. Vermehrt raten Ärzte, ergänzend zur medizinischen Versorgung, Patienten mit Organerkrankungen, chronischen Schmerzen oder sogar lebensbedrohlichen Krankheiten wie Krebs, zu meditieren. Denn durch die Achtsamkeitsmeditation lernen die Patienten sich selbst besser kennen und können bewusster mit ihren Gedanken, Gefühlen und der Krankheit umgehen. Weiterhin lernen sie, sich zu entspannen, was wiederum das Immunsystem stärkt, ihre Selbstheilungskraft aktiviert und somit ihre Heilungschancen steigen lässt.

Von zentraler Bedeutung ist es bei der Achtsamkeitsmeditation, die Position des nicht eingreifenden Beobachtens einzunehmen, damit Geist und Körper einen entspannten und gelassenen Zustand erreichen. Dabei kommt es zu einer Aufteilung zwischen dem Teil, der denkt, dem Teil, der fühlt, und dem Teil, der sich dessen gewahr wird. Letzterer nennt sich »der innere Beobachter«. In der Achtsamkeitsmeditation lernen wir, Gedanken und Gefühle als flüchtige Ereignisse zu betrachten und sie kommen und gehen zu lassen, ohne uns mit ihnen zu identifizieren, sie zu kontrollieren, festzuhalten oder zu verfolgen. Damit können wir uns aus automatischen Gedanken und energieraubenden Gefühlsschleifen und festgefahrenen Reaktionsmustern lösen. Indem wir sie von außen betrachten, findet keine Identifikation statt, und wir können sie gelassen wahrnehmen und uns bewusst für eine neue Sicht- und Handlungsweise entscheiden.

Zu Beginn empfiehlt es sich, die Achtsamkeitsübungen bei einem/einer Achtsamkeitslehrer/-in kennenzulernen, um für die eigene Praxis zu Hause gut vorbereitet zu sein. Viele Menschen meiden öffentliche Gruppen oder Kurse, da sie sich scheuen, sich vor anderen Menschen zu öffnen. Da kann ein Vorgespräch mit dem Achtsamkeitslehrer für Aufklärung sorgen, und gegebenenfalls gibt es je nach Lehrer auch Angebote für Achtsamkeits-Coachings als Einzelsitzung.

7 Aspekte, die Achtsamkeit fördern

Achtsamkeit entsteht nicht einfach wie von selbst, nur weil der Wunsch existiert, bewusst und achtsam zu leben. Wie schon gesagt, bedarf es einer gewissen Übung und Regelmäßigkeit. Dazu ist eine feste Entschlossenheit wie auch das Aufbringen von Geduld und Disziplin nötig. Es gibt sieben Aspekte, die das Fundament der Achtsamkeitsmeditation bilden und somit unsere Achtsamkeit fördern. Sie lauten:

1.) Nicht beurteilen
2.) Geduld
3.) Den Geist des Anfängers bewahren
4.) Vertrauen
5.) Nach nichts streben
6.) Akzeptanz
7.) Loslassen

Man kann sie auch als Grundpfeiler einer effektiven Meditationspraxis bezeichnen.

1. Nicht beurteilen

Unser Verstand ist ständig damit beschäftigt, alles in unserem Leben zu sortieren und zu kontrollieren. Unsere Gedanken, und das sind täglich bis zu 60.000, sind urteilend, analysierend, abwägend, zweifelnd, erklärend usw. Wir glauben, die Welt mit unseren Gedanken erfassen und verstehen zu können. Unsere Kommunikation, unsere Gefühle, ja, auch alle unsere Handlungen werden von unseren Gedanken beeinflusst. Somit neigen wir im Allgemeinen dazu, in fast jeder Lebenssituation eine Bewertung oder ein Urteil abzugeben. Wir bewerten, analysieren und urteilen den ganzen Tag: über Menschen, das Umfeld, Situationen, Erfahrungen usw. Indem wir über etwas urteilen, verpassen wir der Sache einen Stempel. Dieser entspringt aus der jeweiligen Bewertung, die wir vornehmen. Indem wir über Dinge in unserem Leben, Situationen, Begebenheiten oder auch andere Menschen oder Personengruppen urteilen, versehen wir sie mit einem Etikett. Darin spiegeln sich unsere festgefahrenen Glaubens- und Gedankenmuster, die unseren Geist beherrschen. Derartige Bewertungen erfolgen meistens, ohne dass sie uns bewusst sind. Es handelt sich dabei um alte Muster und Prägungen, die wir vielleicht schon seit der Kindheit in uns tragen, Gedanken und Urteile, die wir von den Eltern oder anderen Familienmitgliedern übernommen haben. Wie in einer großen Schublade haben sich im Laufe der Jahre viele Gedanken und Glaubenssätze in uns angesammelt. Die Gedanken werden zu festen Gedankenkonstrukten, die nicht nur unser Verhalten und unsere Handlungen bestimmen, sondern mitunter auch noch zur Gewohnheit werden und bestehen bleiben, sofern wir uns dieser Prägungen nicht bewusst werden und daran arbeiten, sie aufzulösen. Unreflektierte Gedanken können uns nicht nur positive Energie rauben, sondern uns auch den Raum nehmen, etwas noch einmal ganz neu zu betrachten! Wenn wir in alten Gedankenmustern gefangen sind, dann bleiben wir in einer Dauerschleife von Verurteilungen stecken. Das kann großen Stress verursachen. Leider ist uns das nur selten bewusst. Um die eigenen Stress verursachenden Gedanken wahrzunehmen, benötigen wir einen Filter, der uns diese erkennen lässt. Die Praxis der Achtsamkeit ist ein wunderbares Werkzeug, um die Position des Kritikers zu verlassen und die eines neutralen Beobachters einzunehmen. Und es ist ganz egal, ob wir andere oder uns selbst bewerten, verurteilen und kritisieren – die negativen Gefühle, die dabei entstehen, und der emotionale Stress, den sie verursachen, bleiben unverändert, und somit hat beides einen schädlichen Einfluss auf uns.

Alles muss perfekt sein

Wenn ein Mensch perfektionistisch ist, dann hat er das rechte Maß verloren und kann nicht aufhören, an einer Sache zu arbeiten. Er trägt die Überzeugung in sich, dass es immer noch besser geht. Eine Arbeit zu verrichten und am Ende damit zufrieden zu sein, fällt ihm äußerst schwer, und das kann dazu führen, dass er seine laufenden Projekte nicht wirklich zum Abschluss bringt. Perfektionismus zeigt sich häufig darin, nicht loslassen zu können. Auch wenn Projekte irgendwann abgeschlossen sind, kann ein solcher Mensch sie gedanklich nicht loslassen und sucht im Nachhinein noch nach vermeintlichen Fehlern und grübelt darüber nach, was er noch hätte besser machen können. Im Beruf kann man beobachten, dass Mitarbeiter, die perfektionistisch veranlagt sind, ihre Arbeit erst dann abgeben, wenn sie in ihren Augen absolut vollkommen ist … und das kann manchmal dazu führen, dass sie im Arbeitsalltag feststehende Termine verstreichen lassen und lieber gar nichts abgeben, als dass sie etwas ihrer Meinung nach Unvollständiges abliefern. Sie neigen dazu, ihre Arbeit nochmals und nochmals zu überprüfen und warten oft zu lange, und so entgeht ihnen manches Mal auch eine berufliche Chance. Die Ursachen für Perfektionismus liegen meist in der Kindheit. Auch die Erziehung und das Lernen am Vorbild, sprich, wie die eigenen Eltern mit Leistung umgegangen sind, spielt dabei eine erhebliche

Rolle. Wie ausgeprägt ist der Perfektionismus bei den Großeltern und Eltern? Konnte die Mutter den Hausputz liegen lassen, oder sah es immer hundert Prozent aufgeräumt auf? Konnte der Vater in der Freizeit auch einmal abschalten und sich um die Familie kümmern? Erfolgten Anerkennung und Zuneigung der Eltern nur nach vollbrachter guter Leistung? Durfte man Kind sein und seine Hobbys frei wählen, oder wurden sie von den Eltern diktiert, und mussten es welche sein, mit denen man nach außen hin mit besonderen Leistungen glänzen konnte? Um den Ausprägungen von Perfektionismus auf die Schliche zu kommen, können wir uns mit diesen Fragen beschäftigen und uns ein genaueres Bild von den Hintergründen machen. Perfektionisten finden selten ein Ende und meinen, immer noch mehr machen und geben zu müssen, und bemerken dabei gar nicht, dass sie damit ihre Gesundheit gefährden, da sie ihre natürlichen Grenzen nicht mehr bemerken. Meist können sie nicht gut für sich selbst sorgen und erlauben sich selten Auszeiten, um ihre Batterien wieder aufzuladen.

In Achtsamkeitsseminaren lese ich immer gern kleine Weisheitsgeschichten vor, da sie uns Einsicht und Erkenntnis schenken. Ein Geschichte, die von Teilnehmern besonders gemocht wird, stammt von dem buddhistischer Mönch und Autor Ajahn Brahms. Sie handelt von einem Mönch, der im Kloster eine Mauer errichtet und mit seiner Arbeit viele Jahre lang unzufrieden ist, bis er eine neue Sichtweise bekommt. In Bezug auf das Streben nach Perfektion und Selbstablehnung ist die folgende Geschichte sehr heilsam, und daher nutze ich jede Gelegenheit, diese Menschen ans Herz zu legen.

»Zwei mangelhafte Backsteine«[1]

Eine Weisheitsgeschichte über Perfektion und Selbstverurteilung

Zwei Steine hatten mir die ganze Mauer versaut. Der Zementmörtel war inzwischen fest geworden. Also konnte ich diese Steine nicht einfach herausziehen und ersetzen. Ich ging zu meinem Abt und fragte, ob ich die Mauer niederreißen oder in die Luft jagen und neu anfangen dürfte. »Nein«, erwiderte der Abt, »die Mauer bleibt so stehen, wie sie ist.« Als ich die ersten Besucher durch unser neues Kloster führte, vermied ich es stets, mit ihnen an dieser Mauer vorbeizugehen. Ich hasste den Gedanken, dass jemand dieses Stümperwerk sehen könnte. Etwa drei oder vier Monate später wanderte ich mit einem Gast über unser Terrain.

1 aus Brahm, Ajahn: *»Die Kuh die weinte«*, 2006. Ansata/Integral Verlag

Plötzlich fiel sein Blick auf meine Schandmauer. »Das ist aber eine schöne Mauer«, bemerkte er wie nebenbei. »Sir«, erwiderte ich überrascht, »haben Sie etwa Ihre Brille im Auto vergessen? Oder einen Sehfehler? Fallen Ihnen denn die zwei schief eingesetzten Backsteine nicht auf, die die ganze Mauer verschandeln?« Seine nächsten Worte veränderten meine Einstellung zur Mauer, zu mir selbst und zu vielen Aspekten des Lebens. »Ja«, sagte er. »Ich sehe die beiden mangelhaft ausgerichteten Backsteine. Aber ich sehe auch 998 gut eingesetzte Steine.« Ich war überwältigt. Zum ersten Mal seit drei Monaten sah ich neben den beiden mangelhaften Steinen auch andere Backsteine. Oberhalb und unterhalb der schiefen Steine, zu ihrer Linken und zu ihrer Rechten befanden sich perfekte Steine, ganz gerade eingesetzt. Ihre Zahl überwog die der schlechten Steine bei Weitem. Bis dahin hatte ich mich ausschließlich auf meine beiden Fehler konzentriert und war allem anderen gegenüber blind gewesen. Deshalb konnte ich den Anblick der Mauer nicht ertragen und wollte ihn anderen Menschen auch nicht zumuten. Deshalb hatte ich das Werk vernichten wollen. Doch als ich jetzt die ordentlichen Backsteine betrachtete, schien die Mauer überhaupt nicht mehr grauenvoll auszusehen. Der Besucher hatte schon recht: Es war wirklich eine sehr schöne Mauer. Jetzt, zwanzig Jahre später, steht sie immer noch, und inzwischen habe ich längst vergessen, an welcher Stelle die mangelhaften Backsteine stecken. Ich kann sie mittlerweile tatsächlich nicht mehr sehen.

ÜBUNG
Den Beobachter stärken

Die Ansprüche des Mönchs in der Geschichte an sich selbst und wie er sich für sein vermeintliches Scheitern verurteilt, zeigen uns, wie sehr wir Menschen im negativen Denken verhaftet sind. Wir richten unseren Blick auf das, von dem wir glauben, dass es nicht perfekt ist, anstatt auf das zu schauen, was uns gelungen ist. Jedes Mal, wenn du bemerkst, dass du negativ denkst oder dir Dinge nicht »perfekt« erscheinen, mache dir bewusst, dass du gerade auf die zwei Backsteine aus der Geschichte schaust. Im ersten Schritt der Übung kannst du dir innerlich sagen: »Ah, da sind sie, die zwei Backsteine.« Und in einem weiteren kannst du dich entscheiden, dein Blickfeld zu erweitern, um auch die 998 Steine wahrzunehmen, die ebenfalls da sind. Um deine Achtsamkeit zu schulen, richte dein Bewusstsein voll und ganz auf den gegenwärtigen Augenblick. Achte auf alle deine inneren Vorgänge, also auf deine Gefühle, Gedanken und Körperempfindungen. Bleibe dabei dir gegenüber wohlwollend, und beobachte, ohne zu bewerten. Nimm alles, was sich in diesem Moment zeigt, so an, wie es ist – ohne etwas verändern zu wollen. Du bist ein Beobachter und kannst deine Aufmerksamkeit jederzeit auf das lenken, was du gerade in dir wahrnimmst. Mache dir bewusst, dass du die alleinige Verantwortung für das, was du denkst, hörst, siehst und fühlst, in dir trägst. Lerne jetzt, zu beobachten, ohne zu bewerten. Wenn du merkst, dass du dich selbst oder etwas von dir verurteilst, dann verlasse die Position des Kritikers, und nimm den Platz des neutralen Beobachters ein. Im letzten Schritt kannst du dann auf das schauen, was dir gut gelungen ist! Finde die 998 guten Dinge, und freue dich jedes Mal darüber, wenn es dir gelingt, eine freundliche und verständnisvolle Haltung dir selbst und anderen gegenüber zu entwickeln. Bleibe geduldig – dein Geist wird sich verändern, wenn du achtsam bist.

2. Geduld

Wenn wir ungeduldig reagieren, dann sind wir meist mit einer Situation unzufrieden und fühlen uns dazu gedrängt, sofort etwas zu tun, weil wir sie verändern wollen. Wir meinen, wir müssten Begebenheiten oder Prozesse beschleunigen, weil es uns nicht schnell genug geht. Aber Geduld ist ein besserer Ratgeber und wichtiger Helfer, wenn es darum geht, den richtigen Weg zu finden. Sie schenkt uns Besonnenheit und Gelassenheit. Sie hilft uns, zu verstehen, dass bestimmte Dinge, auch Veränderung und persönliches Wachstum, ihre Zeit brauchen. Nichts lässt sich wirklich beschleunigen, und so ist die Geduld in der Achtsamkeitspraxis die Akzeptanz, dass alles seine Zeit hat. Auch in der Meditation können wir verschiedene Zustände erleben, wenn wir unsere Gedanken beobachten und unseren Gefühlen begegnen. Manch einer macht die Erfahrung, dass er positiv und kraftvoll aus der Meditation kommt, aber es gibt auch Tage, an denen man aufgewühlt und traurig ist. Alles kann sein – und alles darf sein. Weil sich unsere Wahrnehmung verändert, können uns Dinge bewusst werden, die wir vorher nicht beachtet haben, und vielleicht erscheinen uns manche Erfahrungen auch schlimmer als vorher. Geduld unterstützt uns dabei, die Tatsache anzunehmen, dass wir im Leben unterschiedliche Erfahrungen machen und dass alles seine eigene Qualität hat, dass Wachstumsprozesse ihre Zeit brauchen und jedes bewusst erlebte Gefühl unserer persönlichen Weiterentwicklung dienlich ist. Gerade bei den Achtsamkeitsübungen sollten wir uns Zeit lassen, damit sich deren Wirkung entfalten kann. Ein Streben nach Perfektion oder der Wunsch nach Beschleunigung kann die Prozesse, die ihr eigenes Tempo haben, nur unnötigerweise bremsen oder gar ganz blockieren.

»Die Meisterschaft«[2]

Eine Weisheitsgeschichte über den Unterschied von Hast und Geduld

Ein Schüler der Kampfkunst ging zu seinem Lehrer und meinte ganz ernst: *»Ich möchte gern deine Kampfkunst erlernen. Wie lange wird es dauern, sie zu meistern?«* Der Lehrer antwortete beiläufig: *»Zehn Jahre.«* Der Schüler entgegnete ungeduldig: *»Ich möchte sie aber schneller meistern! Ich werde auch hart dafür arbeiten. Ich übe jeden Tag, mindestens zehn Stunden oder länger, wenn es sein muss. Wie lange werde ich dann brauchen?«* Der Lehrer dachte einen Moment nach und antwortete: *»Dann zwanzig Jahre.«*

2 aus: Shamash Alidina: *»Achtsamkeit für Dummies«*, 2011. Wiley Verlag

Nichts bleibt so, wie es ist

Unser Verstand wiederholt ständig das, was er ohnehin schon kennt und was er gelernt hat. Somit entstehen unsere Gedanken aus bereits gemachten Erfahrungen. Wir nehmen unsere Erinnerungen wahr und handeln auf eine bestimmte Art und Weise, weil wir erwarten, dass jetzt dasselbe wieder eintrifft wie in der Vergangenheit. Wir binden uns damit an alte Erfahrungen und Erlebnisse und halten an ihnen fest. Wir glauben zu wissen, was geschieht, und hoffen, dadurch rechtzeitig reagieren zu können, um unser Schicksal bestimmen und jederzeit angemessen reagieren zu können. Unser Verstand gaukelt uns vor, dass er die Kontrolle hat, und wenn wir ihm glauben, dann kann uns das in gewisser Weise Ruhe und Sicherheit schenken. In Wahrheit kann aber auch unser Verstand nicht wissen, ob sich eine Situation tatsächlich wiederholen wird. Er kann sie nicht vorausberechnen oder gar lenken. Wenn wir unseren Gedanken folgen, dann kann es uns sehr schwerfallen, alte Ereignisse loszulassen und uns für neue Erfahrungen zu öffnen. Das wiederum hat zur Folge, dass wir auch alte Gewohnheiten und Verhaltensweisen nicht einfach ablegen können. Wir sind im gegenwärtigen Moment nicht präsent und offen, sondern mit den Gedanken in der Vergangenheit und beispielsweise in einer alten Erfahrung gefangen. Erst wenn wir bereit sind, Altes und Vergangenes wirklich loszulassen, können wir eine Öffnung schaffen, um Neues zu empfangen. Wir machen uns frei von altem Ballast und erlauben uns, neu auf das zu schauen, was gegenwärtig in unserem Leben passiert. Durch diese achtsame Haltung können wir Muster und Prägungen ablegen und die Bereitschaft entwickeln, wirklich für neue Erfahrungen offen zu sein.

»Das geht vorbei«

Eine Weisheitsgeschichte über den Wandel und die Vergänglichkeit

Ein Schüler der Meditation kam zu seinem Meister. Er sagte: *»Meister, meine Meditation ist schrecklich! Meine Beine tun mir weh, mein Rücken ist ein einziger Knoten, meine Gedanken sind wirr, und ich bin immer schlecht gelaunt!«*
Der Meister sagte: *»Das geht vorbei!«*

Eine Woche später kam derselbe Schüler zum Meister. Er sagte: *»Meister! Meine Meditation ist wunderbar! Mein Körper ist ganz leicht, Sektperlen in meinem Kopf, mein Herz ist so friedvoll, und das Blau des Himmels ist blauer als jemals zuvor.«*
Der Meister sagte: *»Das geht vorbei!«*

ÜBUNG
Geduldig sein

Übe dich in Geduld, wenn du mit Achtsamkeitsübungen beginnst. Erfolge stellen sich nach geduldigem Tun ein. Du kannst es mit dem Erlernen eines Musikinstrumentes vergleichen. Achtsamkeit kann nicht erzwungen, ein Prozess kann nicht beschleunigt werden, denn es findet kein lineares Fortschreiten statt. Es kann Tage geben, an denen es uns in der Meditation nicht wirklich gelingt, unsere Gedanken loszulassen und mit unserer Aufmerksamkeit nur bei der Atmung zu verweilen. Und es mag Zeiten geben, da sind wir so präsent und lebendig und erleben eine wunderbare Tiefe, bis der Gong ertönt. Geduld bringt Entspannung in die Meditationspraxis. Mit bestimmten Erwartungen in die Meditation zu gehen, kann hinderlich sein, da wir meinen, etwas falsch zu machen, wenn sich diese nicht erfüllen. Versuche also nicht, beispielsweise mit dem Ziel »es soll mir danach gut/besser gehen« zu meditieren, sondern mache es, um bei dir anzukommen, und sei bereit, anzunehmen, was gerade ist, egal, was sich dir zeigt. Auch wenn Widerstände aufkommen oder du Schmerzen empfindest, versuche eine geduldige und mitfühlende Offenheit aufrechtzuerhalten. Erlaube dir, dass alles so sein darf, wie es ist, und du in der gegenwärtigen Situation in der Stille verweilen kannst, ohne etwas tun oder verändern zu müssen. Der beste Weg, um deine Meditationspraxis zu vertiefen, ist, geduldig zu sein und regelmäßig zu üben. Wenn es dir möglich ist, dann nimm dir kontinuierlich jeden Tag fünf bis zehn Minuten lang Zeit, und schaue, was sich in deinem Leben verändert. Achtsamkeit und Geduld bedingen einander – übe dich deshalb in Geduld mit dir selbst. Sobald deine Geduld wächst, wird sie sich auch auf die Menschen in deinem Umfeld und auf den Umgang mit deinem Partner, deinen Kinder, deinen Freunden und Bekannte wie auch auf deine Arbeitskollegen auswirken.

3. Den Anfängergeist bewahren

Der Anfängergeist ist eine Geisteshaltung, bei der wir auf Begebenheiten so zugehen, als würden wir sie zum ersten Mal erleben. Und das gilt nicht nur für neue und uns unbekannte Dinge, sondern speziell für Vertrautes! Gerade in solchen Situationen können wir unseren Anfängergeist trainieren. Wir ermöglichen es uns dadurch, Veränderungen wahrzunehmen. Wir können dann Raum für etwas schaffen, um es in einem neuen Licht zu betrachten und zu bemerken, dass sich vielleicht bereits etwas gewandelt hat. Der Anfängergeist schützt uns davor, in alte Muster zu verfallen und vorschnell zu urteilen oder permanent zu vergleichen. Bedenke: Ein Anfänger ist offen und steht neuen Dingen unvoreingenommen gegenüber – ein Experte meint, schon alles zu kennen und zu wissen, somit stehen ihm nur wenige Möglichkeiten offen, Neues zu entdecken! Kultiviere Gefühle wie Offenheit, Neugier und Unvoreingenommenheit, das ist der beste Weg, um deinen Anfängergeist zu bewahren. Das wahrscheinlich beste Beispiel für den Anfängergeist ist ein kleines Kind. Es nimmt alles um sich herum mit großem Interesse wahr, ganz gleich, ob es sich um eine Blume, einen Schmetterling oder ein Feuerwehrauto handelt. Kinder sind unvoreingenommen und können sich deshalb an allem erfreuen. Wenn wir achtsam durchs Leben gehen möchten, dann dürfen wir uns diese offene und aufnahmebereite Haltung auch wieder aneignen. Der Anfängergeist hilft uns dabei, auch unsere eigenen Meinungen und Beurteilungen immer wieder infrage zu stellen und neu zu beleuchten. Sobald wir glauben, dass wir etwas oder jemanden schon vollständig kennen, hören wir augenblicklich auf, achtsam und aufmerksam zu sein. Das ist der Grund, warum viele Beziehungen scheitern. Die Partner betrachten sich nicht mehr gegenseitig mit dem Anfängergeist. Sie sehen nur die negativen Eigenschaften und sind kaum bereit, auch die positiven Eigenschaften sowie die kleinen und größeren Veränderungen am Partner feststellen. Die Entwicklung, die ein Partner durchmacht, wird nicht wirklich wahrgenommen, und so wird dieser immer wieder in dieselbe alte Schublade gesteckt, selbst wenn er sich schon weiterentwickelt hat. Daher ist der Anfängergeist ein wichtiges Element der Achtsamkeit, indem wir unsere Umgebung und die Menschen, mit denen wir zu tun haben, immer wieder mit diesem wahrnehmen, sprich, ihnen wach, interessiert, offen und zugewandt begegnen.

ÜBUNG

Die Welt mit offenen Augen betrachten

Wer sich den Anfängergeist bewahrt, geht mit offenen Augen durch die Welt und erfreut sich an allem, ohne bestimmte Dinge von vornherein zu bevorzugen oder abzulehnen. Unser Verstand neigt dazu, die Aufmerksamkeit selektiv auf einzelne Objekte zu lenken, anstatt die Umgebung als Ganzes wahrzunehmen. Du kannst dich für das Ganze öffnen, indem du deine Umgebung aufgeschlossen, aufmerksam und neugierig betrachtest:

Welche **Formen** nehme ich wahr?
Welche **Farben** nehme ich wahr?
Welche **Geräusche** oder **Töne** nehme ich wahr?
Welche **Gerüche** nehme ich wahr?
Welche **Menschen** nehme ich in meiner Umgebung wahr?
Welche **Gegenstände** sehe ich?

Wenn du in der Natur bist:

Wie sieht der **Himmel** aus?
Welche **Tiere** sehe (oder höre) ich?
Welche **Pflanzen** und **Bäume** sehe ich?
Wie riecht die **Luft**? Was fühle ich auf meiner **Haut**?

Es ist vollkommen ausreichend, wenn du diese Übung immer wieder zwischendurch für einige Minuten durchführst. Du kannst diese Übung auch machen, wenn du mit dem Bus oder der Straßenbahn unterwegs bist, wenn du im Wartezimmer oder auch an anderen Orten verweilst. Je öfter du diese Übung durchführst, umso besser schulst du deinen Anfängergeist, und wahrscheinlich wirst du feststellen, dass du deine Umwelt mit ganz anderen Augen zu sehen beginnst.

»Das perfekte Haus«[3]

Eine Weisheitsgeschichte über das Streben nach etwas Besserem

Ein Einsiedlerkrebs lebte auf dem Meeresboden ganz in der Nähe einer schönen Koralle. Er besaß ein feines Schneckenhaus, in das er sich jederzeit zurückziehen konnte. Doch eines Tages schien ihm sein Schneckenhaus nicht mehr gut genug zu sein: *»Ich bin ein angesehener Einsiedlerkrebs und sollte mir ein neues Haus suchen«*, sagte er zu sich. *»Ich habe einfach etwas Besseres verdient.«* Und so verließ er sein Schneckenhaus und machte sich auf die Suche. Dutzende, ja, sogar Hunderte von Schneckenhäusern probierte der Krebs aus, aber keines erfüllte seine Erwartungen. Das eine war zu groß, das andere zu klein, wieder ein anderes hatte einen Riss und das nächste nicht die richtigen Farben. Entmutigt setzte er sich in den Sand. Da fiel sein Blick auf ein weite-

3 aus: Tania Konnerth: *»Aus der Schatzkiste des Lebens«*, 2012. HERDER spektrum

res Schneckenhaus. Er mobilisierte noch einmal alle Kräfte, kroch zu diesem Schneckenhaus und schlüpfte hinein. Und ja, das war das perfekte Schneckenhaus! Es passte genau, es sah wunderschön aus, und er fühlte sich auf Anhieb ganz zu Hause. Selig schlief er ein. Als er am nächsten Morgen aufwachte, fiel sein Blick auf die schöne Koralle ganz in seiner Nähe. Darauf besah er sich das Schneckenhaus genauer … und es war exakt das Haus, das er verlassen hatte, bevor er losging, um ein besseres zu suchen.

ÜBUNG

Mit den Augen eines Kindes schauen

Jedes Mal, wenn du bemerkst, dass du an Vergangenem festhältst, sei bereit, neu zu schauen und dich nicht mit alten Geschichten aufzuhalten. Erlaube dir, immer wieder Neugier und Freude am Leben zu entwickeln, und öffne dich für den Moment der Gegenwart. Das Leben ist ein einziger Lernprozess, und somit hört das Lernen auch bis ins hohe Alter nicht auf. Das ist auch gut so, denn es ist das, was uns Menschen jung hält. Sich immer wieder auf Neues einzulassen, setzt Neugier und Offenheit voraus. Unbekanntes zu erforschen, regt unseren Geist an, hält ihn wach und fit. Betrachte jetzt einmal alle deine Gewohnheiten, und frage dich:

Bin ich bereit, mich für neue Dinge zu öffnen?
Gibt es etwas, was ich verändern möchte?
Welche Gewohnheit bin ich bereit, zu verändern?

Sei offen, neugierig und motiviert, neue Erfahrungen zu machen, die dich und dein Leben bereichern. Du wirst sehen, wie einfach und leicht es sich anfühlt, wenn du bereit bist, dich weiterzuentwickeln. Vielleicht hilft es dir dabei, mit den Augen eines Kindes durch das Leben zu gehen. Kinder sind neugierig auf das Leben und haben die Fähigkeit, unvoreingenommen auf alles zuzugehen. Das Leben macht Freude, erkenne es – jetzt!

4. Vertrauen in die eigene innere Weisheit

Menschen neigen dazu, die Antworten auf die Fragen ihres Lebens außerhalb von sich selbst suchen. Sie wenden sich an andere Menschen und hoffen, sie von diesen zu bekommen. Da aber jeder Mensch einzigartig ist, seine persönliche Geschichte und auch seine ganz eigene Wahrnehmung hat, die letztendlich seine Realität formt, ist die Suche bei anderen nur teilweise hilfreich. Antworten auf persönliche Fragen finden wir nur, indem wir still werden, innehalten und sie in uns selbst suchen. Vertrauen in die eigene innere Weisheit zu entwickeln, ist ein wichtiger Bestandteil bei der Achtsamkeitspraxis. Wir können dann nach innen schauen, lauschen, vielleicht der Stimme des Herzens Gehör schenken, Gedanken bemerken, Gefühle beobachten und Körpersignale wahrnehmen und ihnen folgen. Sobald wir die Erfahrung machen, dass wir die Antworten auf all unsere Fragen in uns selbst finden, werden wir augenblicklich aufhören, diese außerhalb von uns selbst zu suchen. Körper, Geist und Seele können sich verbinden und zu einer Einheit werden, und so entsteht ein innerer, heilsamer Dialog zwischen den Ebenen. Es geht dabei um die Erlaubnis, der eigenen Wahrheit und der uns innewohnenden Weisheit mehr und mehr Raum zu geben. Wir erkennen unsere eigene Ganzheit, unsere Vollkommenheit und können daraus unsere Verbundenheit zu allem entstehen lassen. Wir können das Gefühl des Einsseins erleben und erfahren uns als Teil des umfassenden Ganzen. Die innere Weisheit ist wie ein Kompass, der uns führt und leitet, wenn wir bereit sind, zu schauen und zu folgen. Vertrauen in die eigene innere Führung lässt uns instinktiv spüren, was gerade richtig und gut ist und was nicht. Wer lernt, seiner inneren Stimme zu folgen, kommt in Kontakt mit tieferem Wissen und Weisheit und vermag, sein Leben selbstbewusst und eigenverantwortlich zu steuern.

Doch nicht nur bei wichtigen Entscheidungen in deinem Leben, sondern auch im Alltag kann es sehr wichtig sein, deiner inneren Weisheit zu folgen. Ich habe schon viele solcher Erfahrungen gemacht, und einige davon waren so wichtig, dass sie mein Überleben gesichert haben, indem sie mich zum Beispiel vor einem Unfall geschützt haben, weil ich intuitiv eine andere Route genommen habe oder zu einem anderen Zeitpunkt losgefahren bin, als ursprünglich geplant war. Auf die intuitive Wahrnehmung zu vertrauen, auf die innere Stimme zu hören und der Weisheit des Herzens zu folgen, bringt dich auf den richtigen Weg, zu den richtigen Menschen und lässt dich die richtigen Entscheidungen treffen, die dich und dein Leben bereichern.

»Die Weisheit des Universums«

Eine Weisheitsgeschichte über das Entdecken der inneren Weisheit

Vor langer Zeit überlegten die Götter, dass es sehr schlecht wäre, wenn die Menschen die Weisheit des Universums finden würden, bevor sie tatsächlich reif genug dafür wären. Also entschieden die Götter, die Weisheit des Universums so lange an einem Ort zu verstecken, wo die Menschen sie nicht finden würden, bis sie reif genug sein würden.
Einer der Götter schlug vor, die Weisheit auf dem höchsten Berg der Erde zu verstecken. Aber schnell erkannten die Götter, dass der Mensch bald alle Berge erklimmen würde und die Weisheit dort nicht sicher genug versteckt wäre. Ein anderer empfahl, die Weisheit an der tiefsten Stelle im Meer zu verstecken. Aber auch dort sahen die Götter die Gefahr, dass die Menschen die Weisheit zu früh finden würden. Dann äußerte der weiseste aller Götter seinen Vorschlag:

»Ich weiß, was zu tun ist. Lasst uns die Weisheit des Universums im Menschen selbst verstecken. Er wird dort erst dann danach suchen, wenn er reif genug ist, denn er muss dazu den Weg in sein Inneres gehen.« Die anderen Götter waren von diesem Vorschlag begeistert, und so versteckten sie die Weisheit des Universums im Menschen selbst.

ÜBUNG

Die innere Weisheit entdecken

Jedes Mal, wenn etwas Unerwartetes in deinem Leben geschieht und es dir im ersten Moment Sorgen bereitet, weil es nicht »gut« erscheint, erinnere dich daran, dass die innere Weisheit nur in uns selbst zu finden ist! Versuche, eine Situation neutral anzunehmen, auch wenn du noch keine Ahnung hast, wie die Geschichte ausgehen wird. Übe dich in der bedingungslosen Akzeptanz dessen, was gerade ist, und wenn es dir hilft, sage dir: »In diesem Moment habe ich keine Antwort oder keine Lösung parat!« Spüre, wie es sich anfühlt – ohne den Drang, sofort eine Antwort/Lösung zu kennen oder möglichst schnell zu reagieren oder etwas verändern zu wollen. Lasse einfach alles so sein, wie es jetzt gerade ist. Du kannst lernen, deiner inneren Weisheit mehr Raum zu geben, indem du in bestimmten Situationen innehältst und nicht sofort reagierst. Beobachte sie einfach nur im Hier und Jetzt, und schaue, was du wahrnehmen kannst. Welche Gedanken, Gefühle und Körperempfindungen zeigen sich dir gegenwärtig? Du kannst dabei in folgenden Schritten vorgehen:

1.) Nicht automatisch reagieren
2.) Kurz innehalten und durchatmen
3.) In dich hineinspüren (Gedanken, Gefühle und Körperempfindungen beobachten)
4.) Aus deiner inneren Weisheit heraus handeln

Mache dir bewusst, dass du gerade keine Lösung oder Antwort suchen musst. Dein Verstand braucht nicht zu denken, denn deine wahre Weisheit liegt in deinem Herzen. Nur über das Fühlen bekommst du Zugang zu diesem tiefen Wissen! Der Moment des Innehaltens ist deshalb so wertvoll, weil du Raum für andere Entscheidung schaffst als solche, die dir dein Verstand eingeben würde.

5. Nach nichts streben

In der Achtsamkeitsmeditation üben wir uns darin, nichts zu greifen, nichts festzuhalten und nach nichts zu streben. Das bedeutet, dass wir an nichts hängen bleiben (anhaften) und auch nichts zurückweisen (ablehnen). Es ist nicht förderlich, wenn wir mit einem Ziel oder einer Fixierung in die Meditation gehen und große Anstrengungen betreiben, etwas Bestimmtes zu erreichen. Die Achtsamkeitspraxis lehrt uns, im gegenwärtigen Augenblick in geduldiger Haltung und wertfreier Beobachtung zu verweilen. Durch regelmäßiges Wiederholen werden sich die Fortschritte ganz von allein einstellen. Gerade wenn wir versuchen, in der Meditation lästige Stresssymptome oder gar körperliche Schmerzen loszuwerden, können wir schwerlich eine neutrale Position einnehmen. So fällt es uns zu Beginn nicht leicht, das Vertrauen aufzubringen, dass sich dieser schmerzhafte Zustand irgendwann wandelt, dass die Schmerzen, egal, ob akut oder chronisch, schwächer werden oder ganz vergehen. Es sollte nicht das Ziel sein, Schmerzen durch Meditation loszuwerden, und dennoch kann genau das geschehen. Vielmehr geht es darum, sich zu entspannen, denn die Wandlung des Schmerzes geschieht meist automatisch dann, wenn wir bereit sind, eine bestimmte Erwartungshaltung aufzugeben, und zulassen, dass der Schmerz jetzt da sein darf. Vielleicht erscheint es fast widersprüchlich, dass wir uns in Achtsamkeit üben, um unseren Schmerz oder auch Stress und dessen Auswirkungen besser bewältigen zu können, zeitgleich aber diesen Stress mit in die Meditation nehmen, was eben nicht der Achtsamkeit dient. Vielleicht eröffnet uns gerade die innere Haltung des Nach-nichts-Streben, des Nicht-Anhaftens und des Außer-Acht-Lassens des Ziels die Chance, unser Wohlbefinden zu verbessern. Weil wir Raum für neue Wahrnehmungen und neue Erfahrungen schaffen, was wiederum Stress und Anspannung vermindert, uns neue Kraft schöpfen lässt und somit auch die Lebensqualität und unsere Gesundheit steigert.

Nicht mehr automatisch reagieren

Jeder Mensch ist täglich mit einer Vielzahl von Gefühlen konfrontiert – mit den eigenen wie auch mit den Gefühlen anderer Menschen. Manches Mal sind wir uns unserer Gefühle gar nicht bewusst, wir spüren sie nicht oder bemerken nicht, dass wir unsere Gefühle auf andere projiziert haben oder dass wir umgekehrt Gefühle von anderen übernommen haben.

Ärger und Wut sind wohl die besten und eindrücklichsten Beispiele. Denn wir alle kennen die Situation, wenn uns zornige Autofahrer im Straßenverkehr begegnen: Sie schneiden uns den Weg ab, bremsen uns aus, nehmen uns die Vorfahrt oder den Parkplatz und fahren dann wild gestikulierend an uns vorbei oder rufen uns lauthals aus dem geöffneten Fenster Beschimpfungen zu. Bei den meisten Menschen löst das eine sofortige Gegenreaktion aus: Auch in uns kommt die Wut auf, wir ärgern uns gleichermaßen, und schlimmstenfalls kontern wir verbal und imitieren den anderen. Diese Reaktion wird schnell ausgelöst, ob wir es wollen oder nicht. Verantwortlich dafür ist unser limbisches System, der Teil im Gehirn, der als emotionale Schaltzentrale fungiert. Er löst diese automatische Reaktion aus, noch bevor es unser logischer Verstand entscheiden kann. Manches Mal wird uns unser Verhalten erst hinterher bewusst, und wir ärgern uns, dass wir darauf eingegangen sind und nicht gelassener reagiert haben.

Ausgelöst werden unsere emotionalen Reaktionen durch sogenannte Spiegelneuronen. Das sind Nervenzellen in unserem Gehirn, die uns helfen, zu erkennen, was in anderen Menschen vorgeht und was diese fühlen. Wir reagieren auf die Aktionen unseres Gegenübers, und idealerweise tragen die Spiegelneuronen zum Verständnis der beobachteten Aktion bei. Typische Verhaltensmuster, die auf Spiegelneuronen zurückzuführen sind, sind: dass wir uns zum Beispiel vom Gähnen oder Lachen anderer »anstecken« lassen oder dass auch Emotionen wie Wut, Angst, Trauer, aber auch Freude und Glücksgefühle unseres Gegenübers auf uns überspringen können. Wir fühlen in diesem Augenblick mit diesen Menschen so mit, als würden uns die Empfindungen selbst betreffen.

Damit wir aber nicht automatisch und ungewollt auf die Aktionen von anderen reagieren und ihre Energie annehmen, können wir wieder die Rolle des Beobachters einnehmen und anders handeln. Wir bemerken, was im anderen vorgeht, und können uns von den Gefühlen des anderen distanzieren – damit bleibt eine Gegenreaktion aus. In dem

Moment, in dem wir nicht reagieren, gelingt es uns, den Automatismus zu unterbrechen. Wir können die Zeitspanne zwischen dem Ereignis und unserer Reaktion nutzen, um kurz innezuhalten, ruhig zu atmen, nach dem Auslöser zu suchen und unsere mögliche Reaktion von außen zu betrachten. Je besser es uns gelingt, automatische Reaktionen zu vermeiden, umso größer wird die Möglichkeit, stattdessen ein angemesseneres Verhalten zu erzeugen. Wie wir beispielsweise geschickt mit schädlichen Emotionen, zum Beispiel der Wut anderer, umgehen können, lehrt uns die Geschichte des Buddhas. Ich habe sie vor vielen Jahren entdeckt und erzähle sie gern Erwachsenen wie auch Kindern und Jugendlichen im Coaching.

»Das Geschenk nicht annehmen«

Eine Weisheitsgeschichte über Nichtanhaftung und innere Freiheit

Einst wandelte Buddha durch ein Dorf. Ein junger Mann kam wütend auf ihn zu und beschimpfte ihn: *»Woher nimmst du dir das Recht, andere zu belehren?! Du bist genauso dumm wie alle anderen auch! Und du bist ein gemeiner Schwindler!«* Buddha ließ sich durch diese Beleidigungen nicht kränken. Stattdessen fragte er den jungen Mann: *»Sage mir doch einmal, wenn du für jemanden ein Geschenk kaufst und der Betreffende nimmt das Geschenk nicht an, wem gehört dann das Geschenk?«* Der Mann war von der seltsamen Frage, die ihm da gestellt wurde, überrascht und antwortete: *»Mir würde es gehören, denn ich habe es ja mitgebracht!«* Buddha lächelte und sagte: *»Das ist richtig. Und genauso ist es mit deiner Wut! Ich betrachte das, was du mir mitgebracht hast, als Geschenk, das ich nicht annehme – somit bleibt es deins!«*

ÜBUNG

Gelassen sein wie ein Buddha

Nichts mehr anzuhaften, bedeutet, frei zu sein. Wer wirklich frei ist, hat aufgehört, sich von anderen Menschen oder äußeren Reizen beeinflussen zu lassen. Wahre Freiheit erlebst du, wenn du auf die Stimme deines Herzens hörst und ihr folgst. Jedes Mal, wenn andere Menschen dich kritisieren, beleidigen oder du ihre Wut spürst, die in dem Moment vielleicht gar nichts mit dir persönlich zu tun hat, dann denke an die Haltung des Buddhas in der Geschichte! Erinnere dich daran, dass auch du eine »Buddha-Natur« besitzt. Du trägst die Kraft eines gelassenen Buddhas in dir! Mache dir bewusst, dass die Gefühle des anderen bei ihm bleiben, und wenn du diese nicht annimmst, auf ihn selbst zurückfallen – ohne dass sie dich beeinflussen. Stelle dir vor, dass der andere »sein Geschenk« behalten darf und du es nicht akzeptieren musst! Es ist und bleibt deine freie Wahl, ob du es entgegennimmst oder nicht! In dem Moment, in dem es dir gelingt, nicht mehr andere zu spiegeln und die Emotionen beim anderen zu lassen, kannst du ganz bei dir selbst bleiben. Du ermächtigst niemanden mehr dazu, dir zu schaden oder Einfluss auf dich und deine Gefühle zu nehmen. Es ein Weg, um wahren Frieden und innere Freiheit zu erfahren.

6. Akzeptanz

Es liegt in der Natur des Menschen, dass die meisten unserer Gedanken negativ sind. Und das ist auch der Hauptgrund, warum viele Menschen nicht das im Leben erreichen, wovon sie träumen und wonach sie sich sehnen. Anstatt die Gedanken auf das auszurichten, was sie erreichen möchten, verlieren sie sich in endlosen Grübeleien und bemerken nicht, wie die Gedanken sie in einer Abwärtsspirale nach unten ziehen. Es werden im Geist ständig Selbstgespräche geführt, die immer wieder in dieselbe Sackgasse führen. Besonders unsere »Katastrophengedanken« scheinen sich wie in einer Endlosschleife ständig zu wiederholen, obwohl sie uns nicht wirklich weiterbringen. Akzeptanz bedeutet, die Bereitschaft zu haben, etwas erst einmal so stehen zu lassen und anzunehmen, wie es ist. Das Gegenteil von Akzeptanz ist die Ablehnung oder auch Aversion genannt. Diese bezieht sich beispielsweise auf Personen oder deren Verhaltensweisen, auf ihre Emotionen, Meinungen, Vorschläge oder Ideen. Ein bekanntes Phänomen ist, dass, wenn man Menschen nach ihren Wünschen fragt, viele antworten, dass sie nicht genau sagen können, was sie wollen, aber genau wissen, was sie nicht wollen! Auch da zeigt sich wieder die Ausrichtung auf das Negative und dass diese Menschen exakt wissen, was sie ablehnen. Akzeptanz beruht immer auf Freiwilligkeit und kann niemals erzwungen werden. Akzeptanz ist somit ein enorm wichtiger Schritt, der eine Veränderung erst möglich macht. Die Praxis der Achtsamkeit hilft uns dabei, alle unsere Gedanken und Gefühle wahrzunehmen und diese so zu akzeptieren, wie sie sind.

Die Kontrolle aufgeben

In unserem Leben werden wir immer wieder mit Situationen und Ereignissen konfrontiert, die vielleicht nicht immer unseren Wünschen und Vorstellungen entsprechen. Oftmals fehlt uns das Vertrauen, und aus Angst lehnen wir das, was uns geschieht und widerfährt ab. Wir möchten uns gegen alles absichern und die volle Kontrolle über uns und unser Leben haben. Wir glauben, dass wir jederzeit angemessen reagieren und uns unsere Handlungsfähigkeit bewahren können, wenn wir die Kontrolle haben. Ein sicherer Weg, der uns die Kraft gibt, auch mit unvorhersehbaren Schicksalsschlägen klarzukommen, ist die Bereitschaft zur Akzeptanz. Wenn wir lernen, zu vertrauen, und bereit sind, die Situation zu akzeptieren und so anzunehmen, wie sie ist, können wir sehr viel Kraft und Stärke daraus gewinnen. Wenn wir die Situation ablehnen oder versuchen, sie zu vermeiden, kostet uns das viel mehr Energie, und wir verlieren unsere natürliche Handlungsfähigkeit. Wer das Konzept der Akzeptanz lebt, kann den gegenwärtigen Moment als vollwertig betrachten und Menschen und Erfahrungen, die damit zu tun haben, unvoreingenommen wahrnehmen. Akzeptanz hilft uns dabei, uns nicht ausgeliefert, hilflos oder als Opfer zu fühlen, und bringt uns stattdessen in eine Position, in der aktives Handeln möglich ist. Durch die Akzeptanz dessen, was ist, können wir neue Kräfte sammeln, die uns bei der Lösungsfindung unterstützen. Wir können abwägen, ob Raum zur Veränderung gegeben ist oder wir erst einmal abwarten sollten, wie sich die Dinge entwickeln. Daher schließt Akzeptanz auch äußere Bedingungen ein, die vielleicht zeitweise nicht veränderbar sind. Wenn es uns gelingt, ein Ereignis so zu akzeptieren, wie es ist, ohne dass wir etwas verändern wollen, können wir einen wunderbaren Nährboden für Wandlung und Heilung schaffen. Die folgende Geschichte macht deutlich, dass es lebenswichtig sein kann, sich seinem Schicksal zu fügen und es so anzunehmen, wie es ist, auch wenn es im ersten Moment nicht positiv erscheint.

»Wer weiß schon, wozu?«

Eine Weisheitsgeschichte über Schicksal und Sinnhaftigkeit

Ein alter Mann lebte zusammen mit seinem einzigen Sohn auf einer kleinen Farm. Sie besaßen nur ein Pferd, mit dem sie die Felder bestellen konnten, und kamen gerade so über die Runden. Eines Tages lief das Pferd davon. Die Leute im Dorf kamen zu dem alten Mann und riefen: *»Oh, was für ein schreckliches Unglück!«* Der alte Mann erwiderte aber mit ruhiger Stimme: *»Wer weiß ..., wer weiß schon, wozu es gut ist?«* Eine Woche später kam das Pferd zurück und führte eine ganze Herde wunderschöner Wildpferde mit auf die Koppel. Wieder kamen die Leute aus dem Dorf: *»Was für ein unglaubliches Glück!«* Doch der alte Mann sagte wieder: *»Wer weiß ..., wer weiß schon, wozu es gut ist?«* In der nächsten Woche machte sich der Sohn daran, eines der wilden Pferde einzureiten. Er wurde aber abgeworfen und brach sich ein Bein. Nun musste der alte Mann die Feldarbeit allein bewältigen. Und die Leute aus dem Dorf sagten zu ihm: *»Was für ein schlimmes Unglück!«* Die Antwort des alten Mannes war wieder: *»Wer weiß ..., wer weiß schon, wozu es gut ist?«* In den nächsten Tagen brach cin Krieg mit dem Nachbarland aus. Die Soldaten der Armee kamen in das Dorf, um alle kriegsfähigen Männer einzuziehen. Alle jungen Männer des Dorfes mussten an die Front, und viele von ihnen starben. Der Sohn des alten Mannes aber konnte mit seinem gebrochenen Bein zu Hause bleiben. *»Wer weiß ..., wer weiß, wozu es gut ist?«*

ÜBUNG

Das Schicksal annehmen und den Sinn dahinter erkennen

Jedes Mal, wenn etwas Unerwartetes in deinem Leben geschieht und das dir im ersten Moment Sorge bereitet, weil es nicht »gut« erscheint, erinnere dich an die Geschichte mit dem Mann und dem Pferd. Versuche ohne eine vorherige Wertung, das bloße Ereignis anzunehmen, auch wenn du noch keine Ahnung hast, wie die Geschichte ausgehen wird. Du weißt nie, ob das Schicksal dich vor etwas viel Schlimmeren bewahrt hat. Lasse alle »Katastrophengedanken« los, und beruhige dich, indem du die Situation erst einmal so akzeptierst, wie sie ist. Vertraue dir selbst und, wenn du magst, auch in eine höhere Kraft, die dich unterstützt und dir helfen möchte. Sei bereit, dich von deinem Herzen oder deiner Intuition leiten zu lassen, und gehe davon aus, dass das Schicksal es gut mit dir meint und am Ende stets das Beste für dich bereithält. Das Universum ist freundlich und möchte dir nichts Böses, ganz im Gegenteil. Es hilft dir dabei, Vertrauen zu entwickeln, dadurch kann deine Seele Wachstum und Reife erlangen.

Verstehen können wir das Leben nur rückblickend, leben aber müssen wir es vorwärts gewandt. Um es mit anderen

Worten zu sagen: Wenn wir vergangene Situationen unseres Lebens rückblickend betrachten, erkennen wir meist einen Sinn darin. Wir entdecken den tiefer liegenden Grund einer Erfahrung, die Konsequenzen unseres eigenen Handels und können auch darin neue Chancen und Wege entdecken. Der Großteil unserer Erfahrungen ist jedoch nicht voraussehoder berechenbar. Somit sind wir dazu angehalten, uns auf die Zukunft einzulassen, vorwärtszugehen und uns für das zu öffnen, was kommen will. Es bedeutet auch, Vertrauen in den eigenen Weg zu erhalten, der sich uns offenbart, wenn wir bereit sind, zu empfangen. Wir sollten mutig und zuversichtlich bleiben, auch wenn Ungeahntes geschieht und uns unsicher und ängstlich macht. Es ist ein Gewinn, öfter einmal auf sein Leben zurückzublicken und an wichtigen Stationen des Lebens Rückschau zu halten, um zu entdecken, was Gutes und Heilsames darin verborgen lag.

Betrachte nun einmal eine oder zwei Situationen deines Lebens, von denen du sagst, dass sie echte Schicksalsschläge waren, weil du dich vielleicht hilflos und ausgeliefert gefühlt hast. Blicke mit dem Wissen von heute noch einmal zurück. Es geht bei der Übung gar nicht darum, die negativen Gefühle von damals erneut zu betrachten, sondern darum, zu schauen, was du aus diesen Situationen Positives mitnehmen und was du aus ihnen lernen konntest. Welche Fähigkeiten waren in dem Moment gefordert? Welche Stärken konntest du einsetzen oder gar neu entwickeln? Wenn du heute noch einmal in die Vergangenheit zurückblickst, frage dich: *»Welchen positiven Sinn kann ich heute in der Erfahrung von damals erkennen? Was hat mich persönlich gestärkt oder weitergebracht?«* Schreibe alle positiven Eigenschaften und Stärken, die du daraus entwickelt hast, auf einen Zettel. Nimm ihn in Momenten, wo du dich unsicher fühlst, zur Hand, damit du dich an deine Fähigkeiten erinnerst. Entwickle eine positive Haltung dem Leben gegenüber. Sei wachsam, neugierig und bereit, alles wahrzunehmen. So kannst du lernen, gelassener mit unvorhersehbaren Dingen umzugehen und alles anzunehmen, was unerwartet auf dich zukommt. Sage innerlich Ja zu dem, was du gegenwärtig erlebst – indem du Ja sagst, nimmst du das Leben so an, wie es ist, und bist ganz da. Wenn du bewusst lebst, kannst du jederzeit entscheiden, was es zu tun gilt. Vertraue dem Fluss des Lebens, und sei entschlossen, das Gute darin zu entdecken!

7. Loslassen

Loslassen ist ein sehr bedeutsamer Aspekt bei der Achtsamkeit und wahrscheinlich die größte Herausforderung für uns Menschen. Wir sind geneigt, alles festzuhalten, was uns gehört, und es als unser Eigentum zu betrachten. In der Meditation lernen wir, Konzepte, Ideen, Meinungen, Urteile, Gedanken, Gefühle und Körperempfindungen zu beobachten und sie wieder loszulassen. Doch welche Vorstellung haben wir vom Loslassen? Wir meinen, es ist eine Handlung, etwas, was wir tun oder vollziehen müssen. In Wirklichkeit brauchen wir gar nichts zu tun, um loszulassen – vielmehr müssen wir aufhören, etwas zu tun, damit ein Loslassen stattfinden kann. Wir tun dies, indem wir uns entschließen, nicht weiter an etwas festzuhalten. Um das bildlich zu verdeutlichen: Wenn wir einen Gegenstand, zum Beispiel einen Ball oder Papierknäuel, in den Händen halten und uns entschließen, diesen nicht mehr festzuhalten, dann fällt er zu Boden. So funktioniert Loslassen! Es ist der Wille und die bewusste Entscheidung, etwas nicht mehr festzuhalten.
In unserem Leben gibt es viele Dinge, die wir nicht mögen und gern loslassen würden, und es gibt wiederum Dinge, die

uns sehr wichtig sind und die wir deshalb behalten möchten. Das können materielle Dinge oder Konzepte, Überzeugungen, Gewohnheiten wie auch Menschen sein. In der Achtsamkeitsmeditation können wir uns dessen bewusst werden und aufkommende Gedanken als das betrachten, was sie sind: Gedankenkonstrukte. Das Loslassen bedeutet in diesem Fall, aus der Identifikation mit diesen Konstrukten herauszutreten und sie zu verabschieden.

Warum Loslassen guttut

Beim Coaching bemerke ich immer wieder, dass das Wort »loslassen« bei vielen Menschen Unwohlsein und Angst auslösen kann. Möglicherweise liegt das daran, dass wir das Loslassen mit negativen Gefühlen wie Trauer, Hilflosigkeit und Alleinsein verbinden. Loslassen bringen wir auch mit Tod und Verlust in Verbindung, und es bedeutet eine Trennung von etwas, was uns lieb und wichtig ist. Etwas loslassen wird gleichgesetzt mit etwas verlieren oder etwas ungewollt hergeben müssen. Doch um wirklich frei zu sein, ist es ein wichtiger Schritt, eben genau das loszulassen, was nicht mehr zu mir gehört oder mir nicht mehr dienlich ist. Aber was bedeutet Loslassen im übertragenen Sinne? Das bewusste Loslassen ist ein Prozess des Sich-Loslösens von Anhaftungen, beispielsweise von den Gedanken und Gefühlen an eine bestimmte Situation oder auch Person. Wenn wir ein Bewusstsein dafür entwickeln und darauf vertrauen, dass alle Dinge nur deshalb geschehen, damit wir daraus lernen, gelingt es uns, zu verstehen und anzuerkennen, dass sie unserer Weiterentwicklung dienen und wir seelische Reife erlangen können. Ab diesem Moment hat die Situation keine Macht mehr über uns, und wir fühlen uns auch nicht mehr als Opfer der Umstände, sondern machen den

Weg frei, um die Sinnhaftigkeit, die darin verborgen liegt, zu entdecken. Diese Erkenntnis erhalten wir durch eine höhere Sichtweise und sie kann als wahres Geschenk erlebt werden. Das Wort »Schicksal« kommt von »Schick Sal« und bedeutet meines Erachtens so viel wie: »Schick Heilung!« Das heißt, dass wir in dem Moment des Erlebens bereit sind, genau mit dem zu sein, was gerade gegenwärtig ist – ohne es verändern zu wollen! An das Schicksal zu glauben, bedeutet, eine höhere Macht als existent anzuerkennen, die einen Einfluss auf unser Leben nehmen kann. Diese höhere Macht kann Gott, Buddha, eine andere Gottheit oder die Kraft des Universums, die All-Liebe sein. Wer das Schicksal akzeptiert, nimmt ein Ereignis, das das Leben entscheidend beeinflusst, als gegeben hin, ohne etwas daran ändern zu können. Warum fällt es uns jedoch so schwer, Krisensituationen als Herausforderung oder gar als Geschenk anzunehmen? In der Regel erinnern uns Krisen an ungelöste Probleme oder auch schmerzhafte Emotionen aus unserer Vergangenheit. Wir vermischen das damalige Erlebnis mit der aktuellen Situation, doch meist geschieht das, ohne dass es uns bewusst ist. Unser gegenwärtiges emotionales Erleben ist immer mit einer vergangenen Situation und dem damalig erlebten Gefühl verknüpft. Wenn uns das bewusst ist, stellen wir einen direkten Bezug zur Vergangenheit her und erwarten meist, dass die aktuelle Situation wieder dasselbe für uns bereithält wie damals. Unser Geist kreiert gedanklich das gleiche Szenario und versucht, alles zu tun, um die Kontrolle zu haben! Und genau an dieser Stelle lässt sich das Loslassen am besten trainieren: wenn wir entschlossen sind, zu lernen, alle alten Gedanken, Gefühle zu entbinden und LOSZULASSEN. Es gilt vor allem, gelassen zu bleiben und wahrhaftig mit dem zu SEIN, was gerade geschieht. Sobald uns eine aktuelle Situation an etwas Vergangenes erinnert, ist es Zeit, die Anhaftungen an unsere Vergangenheit in Liebe aufzulösen, damit sich die Energie wandeln und etwas Neues entstehen kann. Erst dann ist auch eine neue Handlungsweise möglich. Das ist die heilsame Folge der Loslösung, denn wir haben uns weiterentwickelt und schaffen Raum für neue Erfahrungen. Loslassen ist ein Geschenk, das uns wahre Freiheit bringt. Ein anderes positives und kraftvolles Wort für loslassen ist dementsprechend »freilassen«. Dennoch neigen wir dazu, an belastenden Geschehnissen gedanklich festzuhalten. Das führt dazu, dass auch die Gefühle, die damit verbunden sind, immer wieder erlebt werden. Man befindet sich dann in einer Art Endlosschleife und gelangt immer wieder an die gleiche Stelle, obwohl sich die äußeren Umstände vielleicht schon längst geändert haben. So kann es passieren, dass gewisse Erfahrungen wie unnötiger Ballast über viele Jahre und Jahrzehnte hinweg mit herumgetragen werden. Eine sehr lehrreiche Geschichte, die ich immer wieder gern an andere Menschen weitergebe, ist die zweier Mönche, in der es um Anhaftung und Loslassen geht.

»Zwei Mönche«[4]

Eine Weisheitsgeschichte über Anhaftung und Loslassen

Zwei Mönche kamen auf einer Pilgerreise an das Ufer eines Flusses. Dort sahen sie eine vornehm gekleidete junge Frau stehen, die nicht wusste, wie sie den Fluss überqueren sollte, da das Wasser tief und die Strömung stark waren und sie nicht ihre Kleider ruinieren wollte. Ohne zu zögern, nahm einer der Mönche die junge Frau auf seinen Rücken, trug sie durch den Fluss und setzte sie am anderen Ufer wieder ab. Die Mönche setzten ihre Wanderschaft fort.

Nach einer Stunde fing der andere Mönch an zu klagen: *»Bist du dir im Klaren, dass du nicht korrekt gehandelt hast? Du hättest niemals diese Frau berühren dürfen. Ein solch enger Kontakt mit Frauen verstößt gegen unsere Gebote als Mönch! Wie konntest du bloß gegen diese Regel verstoßen?«* Der Mönch, der das Mädchen getragen hatte, ging zunächst schweigend weiter, antwortete dann aber nach einer Weile: *»Ich habe das Mädchen bereits vor einer Stunde am Ufer abgesetzt. Du aber trägst es anscheinend immer noch!«*

---

4 aus: Myokyo-ni (Irmgard Schlögl): *»Die Weisheit der Zen Master«,* 2012. Werner Kristkeitz Verlag

ÜBUNG

Unnötigen Ballast ablegen

Jedes Mal, wenn du bemerkst, dass du jemanden kritisierst, dich ärgerst und alten Groll mit dir herumträgst, erinnere dich an diese Geschichte mit den zwei Mönchen und der jungen Frau. Sei bereit, dich von allem Ärger zu befreien, indem du ihm nicht mehr anhaftest. Füttere deine Dämonen nicht länger, sondern lasse sie frei, sodass sie dir nicht mehr schaden können. Schaue, was das Thema »Loslassen« mit dir macht. Bestimmt hast du nicht nur einmal in deinem Leben die Erfahrung gemacht, wie es ist, etwas gehen zu lassen. Vielleicht hast du beispielsweise schon deinen Wohnort, die Schule oder die Arbeitsstelle gewechselt oder andere Dinge und Orte losgelassen. F*inde drei Lebenssituationen, und schaue, wie du dich gefühlt hast, als du losgelassen hast.* Benenne alle deine negativen und positiven Gefühle. Vielleicht war da *Angst* vor der Veränderung oder *Trauer*, etwas Gewohntes oder Liebgewonnenes zu verlieren. Aber vielleicht war da zeitgleich auch eine *kindliche Neugier*, eine gewisse *Vorfreude* auf das, was dich erwartet, oder auch ein grundlegendes Vertrauen, dass der neue Weg bestimmt etwas Gutes für dich bereithält. Übe ganz bewusst das Loslassen. Vielleicht kannst du damit beginnen, eine alte Gewohnheit aufzugeben. Je mehr du gehen lassen kannst, desto einfacher wird dein Leben.

Ein Großteil unserer Sorgen und Probleme entsteht dadurch, dass wir versuchen, an Dingen und Begebenheiten festzuhalten. Dafür wenden wir viel Energie auf, wodurch wir schnell verkrampfen und angespannt sind. Wir tun uns schwer damit, zu akzeptieren, dass Dinge vergänglich sind. Wenn wir aber akzeptieren, dass nichts für die Ewigkeit

Bestand hat, können wir uns entspannen, und das trägt zu unserer Zufriedenheit und dem Empfinden von Glück bei. Wir verstehen, dass es gar keinen Sinn ergibt, an etwas festzuhalten. Aber loszulassen bedeutet nicht nur, Altes und Vergangenes ruhen zu lassen, sondern auch, von Gedankenmustern, Glaubenssätzen und materiellen Dingen Abstand zu nehmen, von denen wir meinen, sie unbedingt besitzen zu müssen, um endlich glücklich und zufrieden zu sein.

ERWEITERUNGSÜBUNG

Verschenke Dinge, die dir lieb sind!

Wenn es dir schwerfällt, loszulassen, vertraue darauf, dass zur richtigen Zeit das, was du wirklich brauchst und benötigst, in dein Leben kommt. Loslassen ist ein wichtiger Schritt, um frei zu sein. Wenn du frei sein möchtest, dann sei bereit, alten Ballast abzuwerfen und so Raum für Neues zu erschaffen. Nur wenn du bereit bist, etwas Altes gehen zu lassen, sind deine Hände frei, um etwas Neues zu empfangen. Lasse los, und vertraue darauf, dass alles nur zu deinem Besten geschieht und das zu dir kommt, was deinem inneren Wachstum dienlich ist. Lenke deine Aufmerksamkeit auf dich und dein Wohlgefühl. Genieße die innere Losgelöstheit und das Gefühl von wahrer Freiheit. An etwas festzuhalten, sind wir gewohnt – Loslassen braucht etwas Übung. Lerne jetzt, Dinge und Begebenheiten Stück für Stück loszulassen. Das kannst du wunderbar üben, indem du etwas von dir an andere verschenkst. Gehe durch deine Wohnung oder dein Zimmer, und betrachte die Dinge, die du im Laufe deines Lebens schon gesammelt hast. Egal, ob es *Kleidung, Bücher, Postkarten, Accessoires o. Ä.* sind, *wähle fünf bis zehn Dinge aus, die du an andere verschenken kannst.* Es geht dabei allerdings nicht darum, nur das auszusortieren, was dir ohnehin nicht mehr gefällt, sondern wähle Dinge aus, die dir etwas bedeuten, die dir am Herzen liegen. Nur so kannst du wahres Loslassen üben.

Sich selbst entdecken

Sehr oft versuchen wir, unsere Gefühle zu unterdrücken. Wir verdrängen oder leugnen sie, indem wir so tun, als seien sie gar nicht existent. Wir trennen uns von unseren Gefühlen – am liebsten natürlich nur von den unangenehmen Gefühlen, denn die angenehmen möchten wir selbstverständlich spüren. Aber wenn wir uns von den problematischen Gefühlen trennen, weil wir eine Mauer um uns herum aufbauen, verbarrikadieren wir uns und verhindern dadurch das Einlassen von positiven Emotionen. Die Praxis der Achtsamkeit bietet uns die Möglichkeit, mit all unseren Gefühlen in Kontakt zu kommen. Wir können allen begegnen, sie wahrnehmen, anstatt sie zu leugnen oder automatisch auf sie zu reagieren. Ein Gedicht von Rumi bringt die Idee zum Ausdruck, ein guter Gastgeber für die eigenen Gedanken und Gefühle zu sein. Aber warum sollten wir gute Gastgeber für unangenehme Gefühle wie Angst, Wut, Traurigkeit und Neid sein? Diesen Emotionen wollen wir doch keinen Platz in unserem Gasthaus anbieten, sondern sie am liebsten ganz schnell wieder loswerden! Es ist aber so, dass uns gerade die negativen Gefühle besonders aufmerksam machen können, nämlich auf (zuvor gedachte) Gedanken, die diesen Gefühlen zugrunde liegen. Sobald wir auf diese Gedanken aufmerksam werden, können wir unsere Einstellung zu ihnen ändern und haben die Chance, diese Gedanken zu wandeln. Sie weisen uns den Weg zu mehr Selbsterkenntnis, und somit können wir sie als Gäste verstehen, die uns ein Geschenk mitbringen.

»Das Gasthaus«[5]

Eine Weisheitsgeschichte über die Kraft der Gedanken

Das menschliche Dasein ist ein Gasthaus.
Jeden Morgen ein neuer Gast.
Freude, Depression und Niedertracht –
auch ein kurzer Moment von Achtsamkeit kommt
als unverhoffter Besucher.
Begrüße und bewirte sie alle!
Selbst wenn es eine Schar von Sorgen ist,
die gewaltsam Dein Haus seiner Möbel entledigt,
selbst dann behandle jeden Gast ehrenvoll.
Vielleicht bereitet er dich vor auf ganz neue Freuden.
Dem dunklen Gedanken, der Scham, der Bosheit –
begegne ihnen lachend an der Tür
und lade sie zu Dir ein.
Sei dankbar für jeden, der kommt,
denn alle sind zu Deiner Führung
geschickt worden aus einer anderen Welt.

---

5 Geschichte von Rumi, aus dem Englischen übersetzt von Coleman Barks.

ÜBUNG
Gefühle wie Gäste empfangen

Gefühle stellen einen unmittelbaren Kontakt zwischen deinen Gedanken und den Empfindungen deines Körpers her. Stelle dir vor, dass dein Körper ein Gasthaus ist und alle Gefühle deine Gäste sind. Du bist der Gastgeber und kannst jeden Gast gleichermaßen herzlich willkommen heißen. Gäste sind nur für eine Weile zu Besuch – sie kommen und gehen nach einer bestimmten Zeit wieder. Jeden Tag empfängst du welche mit neuen Gesichtern – manche schauen freundlich und manche eher niedergeschlagen. Du weißt nie genau, wer kommt, denn die Gäste kommen unerwartet. Versuche dennoch, jeden Gast respektvoll und gleichwertig zu behandeln – keiner ist besser oder schlechter als der andere. Jeder Gast ist so, wie er ist – und du kannst ihn nicht verändern! Begrüße deine Gäste mit einem freundlichen Lächeln, und biete ihnen einen Platz an. Danke jedem einzelnen Gast für sein Kommen, und sieh, was sie dir Wichtiges mitbringen oder mitteilen. Stelle dir vor, wie dir jeder Gast ein persönliches Geschenk mitbringt. Erkenne, was es ist, und sei bereit, es anzunehmen, statt es abzulehnen.

Der achtsame Umgang mit Wut

Wut verschwindet selten von allein, und der Versuch, sie zu unterdrücken, zu verdrängen oder zu verbergen, ist keine Lösung. Nur wenn wir lernen, mit der Wut angemessen umzugehen, können wir uns von ihrer destruktiven Wirkung befreien. Wir sollten uns die Wut und ihren schädlichen Einfluss bewusst machen, wenn sie in uns aufsteigt und versucht, unseren Geist und unseren Körper in Besitz zu nehmen. Wir sollten uns ihrer annehmen und uns um sie kümmern, so liebevoll und fürsorglich wie eine Mutter um ein leidendes Kind. Meist sind es verletzte Innere-Kind-Anteile, die in diesen Momenten wieder verletzt werden, und wir reagieren mit Wut darauf. Möglicherweise werden durch ähnliche Situationen die gleichen seelischen Schmerzen ausgelöst, die wir schon in der Vergangenheit durch andere Personen erleiden mussten. Dann fühlt sich das Innere Kind wieder hilflos, ausgeliefert, traurig und wütend und fordert unsere volle Aufmerksamkeit. Wenn wir achtsam sind, dann können wir seine Hilfeschreie wahrnehmen. Wir können das Innere Kind in die Arme nehmen und versuchen, ihm das zu geben, was es gegenwärtig braucht. Wir können ihm gegenübertreten – vielleicht wie ein großer Bruder oder eine große Schwester – und es achtsam und sanft in die Arme schließen. Wir können es uns gedanklich auf den Schoß setzen und ihm aufmerksam zuhören, wenn es uns von seinem vergangenen Leid erzählt. Wenn wir in allen Situationen, in denen unser Inneres Kind Wut und Verzweiflung empfindet, mit unserer vollen Aufmerksamkeit für es da sind und ihm in liebevoller Annahme und bedingungsloser Liebe begegnen, kann sich seine Heilung Stück für Stück vollziehen. Achtsamkeit und die Kraft des Herzens sind die heilsamen Energien, die diesen Prozess unterstützen können.

»Die Nägel im Zaun«

Eine Weisheitsgeschichte über das Erleben von Ärger und Groll

Es war einmal ein kleiner Junge, der schnell wütend wurde und dann ausrastete. Da gab ihm sein Vater einen Hammer und eine große Packung voller Nägel: *»Jedes Mal, wenn du wieder wütend wirst und ausrastet, gehst du zu diesem Zaun und schlägst einen Nagel hinein.«* Der Junge war damit einverstanden, auch wenn er den Sinn dahinter nicht verstand. Am nächsten Tag hämmerte der Bub bereits 30 Nägel in den Zaun. Die Tage vergingen, und mit jedem Tag wurden es weniger Nägel, die der Junge in den Zaun schlug. Ihm wurde bewusst, dass es einfacher war, Nägel in den Zaun zu hämmern, als auszurasten. Eines Tages war er schließlich so weit, dass er überhaupt nicht mehr ausrastete. Ganz stolz teilte er das seinem Vater mit. Der Vater nahm ihn bei der Hand und ging mit ihm zum Zaun: *»Von nun an machen wir es so: Für jeden Tag, an den du nicht ausrastest, darfst du einen Nagel wieder aus dem Zaun ziehen.«* Der Junge war wieder einverstanden.

Wieder vergingen mehrere Tage, bis der Junge zu seinem Vater lief und ihm mitteilte, dass nun keine Nägel mehr im Zaun sind. Der Sohn freute sich sehr. Gemeinsam gingen sie zum Zaun. Der Vater sagte zu ihm: *»Ich bin sehr stolz auf dich. Das hast du toll gemacht. Aber schau dir die vielen Löcher im Zaun an, die die Nägel hinterlassen haben. Der Zaun ist nicht mehr der, der er einmal war.«* Der Junge stimmte seinem Vater zu. Der Vater fuhr fort: *»Denk daran, wenn du das nächste Mal wütend etwas zu anderen Menschen sagst. Deine Worte könnten Narben hinterlassen, so wie diese Nägel Spuren im Zaun hinterlassen haben. Auch wenn du dich entschuldigst, die Narben bleiben.«*

ÜBUNG

Die Wut in die Arme nehmen

Jedes Mal, wenn du bemerkst, dass du Wut und Zorn empfindest und am liebsten mit dir oder anderen schimpfen willst, halte kurz inne, atme tief ein und aus, und nimm deine Gedanken und Gefühle wahr. Bemerke und benenne sie, zum Beispiel: *»Da ist Wut in mir!«* ... *»Ich spüre Wut, Ärger, Groll, Enttäuschung ...«* usw. Dann beobachte, wo du diese Gefühle in deinem Körper wahrnehmen kannst. Lege eine Hand auf diese Körperstelle, und atme einige Male in diese Stelle tief ein und aus. Beobachte, wie sich deine Gedanken und Gefühle verändern. Mache es so lange, bis sie in dir zur Ruhe kommen.

Darum achte auf deine Worte

Worte können Freude oder Leid bescheren. Sie können wahr oder unwahr, nützlich oder sinnlos, heilsam oder verletzend sein. Worte sind sehr kraftvoll und können Wandlung und Heilung schenken. Im Buddhismus spricht man von »rechter Rede«, wenn Worte wahr, höflich und zweckmäßig sind, wenn sie zum richtigen Zeitpunkt ausgesprochen werden, einen freundlichen Tonfall haben und einer liebevoller Gesinnung entstammen.
Es gibt vier Arten negativer Rede, die es zu vermeiden gilt:

- Unwahre Rede/Lüge: Worte, in der Absicht geäußert, die Wahrheit zu entstellen
- Entzweiende Rede: Worte, in der Absicht geäußert, einen Keil zwischen Menschen zu treiben
- Schroffe Rede: Worte, in der Absicht geäußert, die Gefühle anderer zu verletzen
- Leere Rede/Geschwätz: Worte, ohne sinn- und zweckmäßige Absicht geäußert

Thích Nhất Hạnh, ein vietnamesischer Mönch und buddhistischer Zen-Meister, spricht auch vom »liebvollen Sprechen«, bei dem es darum geht, Worte zu verwenden, die die andere Person im Gespräch wirklich annehmen kann. Liebevolle Rede kann auch eine Form der Meditation sein. Dabei sprich man so, dass Vertrauen, Harmonie und Ruhe vermittelt werden. Die Worte, die man wählt, sollten aufrichtig und wahr sein und von Herzen kommen, damit sie zum Herzen des anderen gehen.

»Die drei Siebe des Weisen«

Eine Weisheitsgeschichte über die rechte Rede

Eines Tages kam ein Mann aufgeregt zu einem alten Weisen gelaufen. *»Höre, Weiser, ich muss dir berichten, wie dein Freund …«*

»Halte ein!«, unterbrach ihn barsch der Weise. *»Hast du das, was du mir sagen willst, durch die drei Siebe gesiebt?«*

»Drei Siebe? Welche drei Siebe?«, fragte der Mann verwundert.

»Ja! Drei Siebe! Das erste ist das Sieb der Wahrheit. Hast du das, was du mir berichten willst, geprüft, ob es auch wirklich wahr ist?«

»Nein … ich hörte es erzählen, und …«, sagte der Mann.

»Nun, so hast du es doch sicher mit dem zweiten Sieb, dem Sieb der Güte, geprüft. Ist das, was du mir erzählen willst – wenn es schon nicht wahr ist –, wenigstens gut?«

Der andere zögerte. *»Nein, das ist es eigentlich auch nicht. Ganz im Gegenteil …«*, sagte der Mann.

»Nun«, unterbrach ihn der Weise, *»so wollen wir noch wenigstens das dritte Sieb nehmen und uns fragen, ob es wirklich notwendig ist, mir das zu erzählen, was dich so erregt hat.«*
»Notwendig gerade nicht ...«, sagte der Mann.
»Also«, lächelte der Weise, *»wenn das, was du mir eben sagen wolltest, weder wahr, noch gut, noch notwendig ist, so lass es begraben sein, und belaste weder dich noch mich damit!«*

ÜBUNG
Absichtsvolles Sprechen

Durch die Betrachtung und Bewusstwerdung deiner Absicht erreichst du den Punkt, an dem die Ausübung der rechten Rede und die Schulung deines Geistes zusammentreffen. Bevor du also etwas sagst, richte dein Augenmerk darauf, was du sagen möchtest, warum du etwas sagen möchtest und auch wie du etwas sagen möchtest. Es hilft dir dabei, die Absicht deiner Rede zu erkennen. Du stärkst deine geistigen Fähigkeiten und wirst dir selbst gegenüber bewusster und ehrlicher. Es bewahrt dich davor, etwas auszusprechen, was dir möglicherweise später leidtun könnte. Werde dir jedes Mal, wenn du mit anderen kommunizierst, des Inhaltes deiner Worte bewusst, und stelle dir die folgenden Fragen:

Ist es wirklich wahr?
Ist es gut und hilfreich?
Ist es notwendig?

Weiterhin kannst du dich fragen:

Wird es angenehm sein und
vom anderen verstanden werden?
Ist jetzt der richtige Zeitpunkt?

Wenn es dir gelingt, die Absicht deines Sprechens zu erkennen und die rechte Rede zu praktizieren, können deine Worte zu einem wahren Geschenk für andere werden. Als Reaktion darauf werden dir Menschen sehr wahrscheinlich auch besser zuhören und dir auch auf ähnliche Weise antworten.

Leben im Hier und Jetzt

Wer es schafft, im Hier und Jetzt zu leben, ist ganz und gar im reinen Sein und kann dadurch wahre Erfüllung erfahren. Sich selbst zu erfahren und präsent im gegenwärtigen Moment zu sein, bringt uns Ruhe und Frieden. Mache dir bewusst: Es gibt nur einen Ort, wo du gerade bist: HIER! Und es gibt nur eine Zeit, in der du gerade lebst: JETZT! Oft reisen wir jedoch mit unseren Gedanken in andere Zeiten oder auch an andere Orte. Wenn wir an unserem Schreibtisch sitzen und von einer fernen Insel träumen, verpassen wir den gegenwärtigen Moment, dessen wahre Kraft immer im Hier und Jetzt liegt. Unser ganzes Leben ist eine endlose Aneinanderreihung von JETZT-Momenten. Was wir vor einer Minute erlebt haben, ist schon Vergangenheit, und das, was innerhalb der nächsten Stunde passieren wird, ist noch Zukunft. Wenn wir mit unseren Gedanken und Gefühlen in der Vergangenheit oder der Zukunft sind, verpassen wir, was gegenwärtig geschieht. Möglicherweise verpassen wir Glücksmomente und Chancen, die uns das Leben bietet. Wenn wir alle Situationen unseres Lebens als einzigartige Augenblicke wahrnehmen und würdigen können, finden tiefe Begegnungen und Berührungen mit uns selbst und dem Leben statt. Wir bemerken alle unsere Gedanken, Gefühle und Körperempfindungen und bringen somit Denken, Fühlen und Handeln in einen harmonischen Einklang. Dadurch öffnet uns unsere Seele Türen zu unserer natürlichen und angeborenen Intuition. Indem wir an unsere Intuition angebunden sind, erhalten wir Zugang zu unserer Kreativität und können Erkenntnisse und Eingebungen erfahren. Wer sich von seiner inneren Weisheit führen lässt, kann die Erfahrung machen, dass alles in seinem Leben einer höheren Ordnung unterliegt und in Übereinstimmung mit seinem Lebensplan geschieht.

ÜBUNG

Bemerke und benenne, was ist

Oftmals neigen wir dazu, uns aus einem mehr oder weniger wichtigen Anlass in einer Endlosschleife von (meist negativen) Gedanken zu verstricken. Die Bemerken-und-benennen-Übung hilft dabei, die automatische Gedankenflut zu kontrollieren und aus dieser bewusst auszusteigen. Beobachte immer wieder ganz bewusst, wie oft deine Gedanken mit Vergangenem beschäftigt sind oder wie oft du dich im Planen und Konstruieren der Zukunft verlierst. Wenn du bemerkst, dass du etwas aus deiner Vergangenheit nachtrauerst oder in alten Geschichten verankert bist und diesen Gedanken anhaftest, nimm die entsprechende Emotion und die Körperempfindungen wahr, atme ein und aus, und lasse die Gedanken bewusst los. Verfahre genauso, wenn du beobachtest, dass du dich mit deinen Gedanken zu sehr in der Zukunft verfangen hast. Kleine Ausflüge in die Vergangenheit oder die Zukunft sind völlig okay, wichtig ist, ihnen nicht dauerhaft und immer verhaftet zu sein. Jedes Mal wenn du einen Gedanken bemerkst, der nicht auf die Gegenwart gerichtet ist, benenne ihn kurz, indem du dir innerlich sagst *Vergangenheit* oder *Zukunft*, und dann komme mit einem bewussten Atemzug wieder in den gegenwärtigen Moment zurück.

Bewusste Auszeit zum Auftanken

In der Hektik und im Trubel des Alltages ein paar Minuten Zeit für uns selbst oder gar für stille Momente und Einkehr zu finden, ist echter Luxus geworden. Die tägliche Routine hat uns fest im Griff, und uns entgeht, was wirklich wichtig ist – nämlich der Blick und die Fürsorge für uns selbst. Achtsamkeit und Meditation helfen uns, Momente der Stille und des Innehaltens zu erleben. In der Achtsamkeitsmeditation üben wir uns darin, vom Tun-Modus in den Sein-Modus zu wechseln. Wir schenken uns Zeit für uns selbst, um Abstand von der Hast und dem Stress des Alltages zu nehmen. Wir kommen wieder ganz bei uns selbst an, gönnen uns innere Ruhe und üben uns in Gelassenheit.

ÜBUNG
Ein Tag voller Achtsamkeit

Damit sich deine Fähigkeit, achtsam zu sein, immer stärker entwickeln kann, ist es hilfreich, einen Tag auszuwählen, an dem du die ganze Zeit lang Achtsamkeit praktizierst. Du kannst beispielsweise einmal im Monat einen Achtsamkeitstag einplanen. Idealerweise bietet sich der Sonntag dafür an, da wir an diesem Wochentag nicht unbedingt aus dem Haus müssen, um zu arbeiten oder irgendwelche Besorgungen zu erledigen. Richte dir den Tag so ein, dass du so wenig Ablenkung wie möglich hast. Verzichte an diesem Tag darauf, ein Buch oder die Zeitung zu lesen, schalte den Fernseher, das Radio und nach Möglichkeit auch das Telefon/Handy und die Türglocke aus, um die größtmögliche Ruhe zu erfahren. Du kannst nach dem Aufstehen mit einer kurzen Sitzmeditation beginnen, danach achtsam die Zähne putzen, dich achtsam duschen und achtsam dein Frühstück genießen. An diesem Tag soll es wirklich um Muße gehen, daher übe wenn überhaupt nur leichte Tätigkeiten wie Aufräumen, Wäschewaschen, Kochen oder Staubwischen aus. Versuche bei allem, was du tust, deine Offenheit aufrechtzuerhalten und mit der Achtsamkeit bei dem zu bleiben, was du gerade tust. Nimm dir im Laufe des gesamten Tages und zwischen den einzelnen Tätigkeiten immer wieder Zeit, um innezuhalten, und mache eine Sitz- oder Atemmeditation. Vielleicht gibt es einen Ort, einen nahe gelegenen Wald oder Park, an dem du nachmittags oder auch am Abend jeweils eine Gehmeditation von einer halben Stunde machen kannst. Langsamkeit ist kein Muss für die Achtsamkeitspraxis, sie kann aber gerade zu Beginn sehr unterstützend sein. Vielleicht kannst du dein übliches Tempo verlangsamen und dir für alle Tätigkeiten einfach doppelt so viel Zeit wie sonst lassen. Beende den Tag wieder mit einer Sitzmeditation. Nimm dir auch für die Mahlzeiten und deren Zubereitung besonders viel Zeit. Wenn du den Achtsamkeitstag zusammen mit Freunden oder im Kreise der Familie praktizierst, dann könnt ihr euch auf das Schweigen an diesem Tag einigen. Am Ende des Tages könnt ihr diese Vereinbarung wieder aufheben und euch über eure Erfahrungen bei einer Tasse Tee austauschen.

Verweile in der Stille
deines Geistes.
Bemerke die Stimmung
deines Herzens.
Beobachte die Empfindungen
deines Körpers.
Entdecke die Wahrheit
deiner Seele.
Erkenne die Vollkommenheit
deines Seins.

Herzensbildung

In unserer Welt, die von Wissen und Rationalität geprägt ist, wird es immer wichtiger, unser Herz zu bilden, um die nötige Balance zwischen Herz und Verstand zu schaffen. Erst wenn wir Gedanken und Gefühle gleichermaßen annehmen, können wir auch auf physischer Ebene Heilung erfahren. Spirituelle Herzensbildung ist der Weg, um ein authentisches, soziales und mitfühlendes Wesen zu werden. Es ist an der Zeit, dass wir Menschen uns füreinander öffnen und uns trauen, uns einander anzunähern, damit wir uns mit anderen verbunden fühlen können. Eine echte Verbindung von Herz zu Herz zu schaffen, unterstützt uns dabei, aus dem Gefühl des Getrenntseins auszusteigen. Der Weg zur Vollkommenheit und des Einsseins geht allerdings nur über das eigene Herz.

*»Wenn wir unser Herz öffnen, spüren wir,
dass alles eins ist und nichts von uns getrennt existiert
und wir ein Teil des großen Ganzen sind.«*

Viele Menschen haben durch viele schmerzhafte Erfahrungen im Laufe der Zeit den Zugang zu ihrem Herzen und seinen Fähigkeiten verloren. Doch nur durch die Anbindung an unser Herz können wir Liebe, Glück, inneren Frieden und wahre Freiheit empfinden. Die Offenheit und Bereitschaft, das Herz wieder vollständig zu öffnen, ist derzeit ein großer Wunsch und die tiefe Sehnsucht vieler Menschen. Beobachte also die Empfindungen deines Körpers.

Warum wir unser Herz statt unseren Verstand bilden sollten

Kein anderes Organ unseres Körpers spiegelt die enge Verbindung zwischen Körper, Geist und Seele so wider wie das Herz. Es ist unser feinfühligstes und empfänglichstes Organ, denn es besitzt eine eigene Intelligenz. Das Herz ist das wichtigste Organ unseres physischen Körpers. Unser spirituelles Herz dagegen ist das tiefste Energiezentrum, das unserem Emotionalkörper innewohnt. In unserer Welt, die von Wissen, Rationalität und Logik geprägt ist, wird es immer wichtiger, das eigene Herz zu bilden, um die nötige Balance zwischen Herz und Verstand zu schaffen. Erst wenn wir Gedanken und Gefühle gleichermaßen annehmen, können wir auch auf physischer Ebene Heilung erfahren. Das Einzige, was uns daran hindert, unsere Vollkommenheit wahrzunehmen, ist die fehlende Achtsamkeit für unser spirituelles Herz.

Was einen Herzmenschen auszeichnet

Nicht allein Wissen macht einen gebildeten Menschen aus. Was man zusätzlich braucht, sind die Qualitäten des Herzens: Emotionalität und Empathie. Wir sprechen auch von emotionaler Intelligenz, und die aktuellen Erkenntnisse der Hirnforschung belegen, dass Denken und Fühlen nicht getrennt voneinander existieren.

Menschen mit hoher emotionaler Intelligenz verfügen über ein stabiles Selbstwertgefühl, da sie die eigenen Gefühle, Bedürfnisse, Motive und Ziele erkennen und sich auch ihrer persönlichen Schwächen und Stärken bewusst sind. Um zu handeln und Leistungen vollbringen zu können, ist ein stabiles, emotionales Fundament wichtig. Menschen mit hoher emotionaler Intelligenz sind in der Lage, fremde und eigene Gefühle gut einzuschätzen und angemessen damit umzugehen. Es fällt ihnen leicht, sich in andere Lebewesen hineinzuversetzen und deren Gefühle sowie Sicht- und Handlungsweisen nachzuvollziehen. Menschen mit geöffnetem Herzen sind sehr angenehme Persönlichkeiten, deren Nähe man gern sucht. Aus ihrer Fähigkeit, mit Menschen auf wertschätzende und mitfühlende Weise umzugehen, resultiert auch die Tatsache, dass sie im Privatleben gesunde Beziehungen pflegen, die auf Respekt, Achtung und einem hohen Maß an Verständnis für den anderen basieren. Aber auch im Beruf sind Herzensmenschen häufig erfolgreicher – selbst dann, wenn sie eine geringere fachliche Qualifikation haben. Zum Beispiel: Ein Lehrer, der empathisch und freundlich mit seinen Schülern umgeht, aber unter Umständen über weniger Wissen verfügt oder dieses schlechter vermitteln kann, ist bei Schülern beliebter als ein Lehrer, der vielleicht hervorragende mathematische Fähigkeiten besitzt, seinen Lernstoff aber ohne Einsatz seiner emotionalen und sozialen Kompetenzen vermittelt. Wem nützt also ein hoher Intelligenzquotient, wenn die emotionale Intelligenz auf der Strecke bleibt? Allgemein betrachtet sind Menschen mit Mitgefühl allerdings nicht nur in sozialen Berufen sehr erfolgreich. Mittlerweile profitieren auch Führungskräfte und Manager davon, wenn sie sich in ihre Mitarbeiter und Angestellten hineinversetzen und sie dementsprechend motivieren und fördern können, was wiederum auch dem gesamten Unternehmen zugutekommt.

Öffne dein Herz

Was bei der Herzensbildung geschieht

Sein Herz zu bilden bedeutet, mehr Einfühlungsvermögen zu entwickeln, sich selbst und seine Emotionen besser wahrzunehmen und zu lernen, sich so anzunehmen, wie man ist. Dadurch lernen wir auch, andere so zu akzeptieren, wie sie sind. Es gibt viele wunderbare Qualitäten, die dem Herzen innewohnen und die jeder von uns besitzt: Liebe, Dankbarkeit, Wahrhaftigkeit, Hingabe, Mitgefühl, Vergebung und die Kraft zur Selbstheilung. Es ist immer das spirituelle Herz in uns, das sich nach der Energie der Schöpfung sehnt: nach Wachstum und nach bedingungsloser Annahme und Liebe.

Bei der Herzensbildung geht es um Persönlichkeitsentwicklung, und zwar im Hinblick auf zwischenmenschliche Qualitäten wie Toleranz, Empathie, Einfühlungsvermögen, Respekt, Menschlichkeit, Kommunikationsfähigkeit und Verbundenheit. Es sollte unser Ziel sein, dass wir unsere Gefühle und unseren Intellekt in ein gesundes Gleichgewicht bringen. Die Herzensbildung hilft uns dabei, uns auf der emotionalen Ebene neu zu öffnen und diese Qualitäten mehr und mehr zu entwickeln. Sie kommt allen zugute. Denn wer sein Herz aktiviert, der hat mehr Gefühl und kann sich selbst besser wahrnehmen. Wer sich selbst besser spüren kann, ist auch in der Lage, respekt- und verständnisvoller mit den Mitmenschen, der Natur, den Pflanzen und den Tieren umzugehen. Wer sein Herz bildet und es öffnet, kann einen liebevollen Umgang und wahre Nähe und Verbundenheit mit allem, was existiert, schaffen. Ein Herzensmensch ist nicht mehr nur auf seinen eigenen Vorteil bedacht, weil er die Erfahrung gemacht hat, dass es ihn glücklich macht, wenn sein Gegenüber glücklich ist. Herzensbildung und Achtsamkeit sind für mich zwei wesentliche Tugenden, die sich hervorragend ergänzen und aufeinander aufbauen. Denn wer sich achtsam und offenen Herzens in der Welt bewegt, schafft sich ein Bewusstsein, in dem er sich selbst und anderen Lebewesen respektvoll und mitfühlend begegnet, ohne zu verletzen und ohne Leid und Schmerz zu erzeugen.

ÜBUNG

Das Herz öffnen

Öffne dein Herz bei allem, was du tust. Schaue und fühle in dich hinein, und bringe dich in Einklang mit allem, was dich umgibt. Halte eine Innenschau, indem du deine Gedanken, deine Gefühle und deine Handlungen beobachtest. Gehe dann nach außen, und nimm alles, was um dich herum ist, ganz bewusst wahr: das Windspiel der Blätter eines Baumes, das Singen der Vögel, das Rauschen eines Baches. Oder bemerke auch die Anwesenheit einer Person. Das, was du erlebst, ist ein einzigartiger Augenblick. Spüre die Besonderheit und den Zauber dieses wunderbaren Momentes, und sei dir bewusst, dass er in der Form nie wieder kommen wird. Niemals kann und wird er sich wiederholen, denn es gibt ihn nur ein einziges Mal. Also entscheide dich, ihn jetzt voll und ganz zu erleben und auszukosten, indem du deine volle Aufmerksamkeit auf die Gegenwart ausrichtest und dein Herz vollständig für das öffnest, was du gerade erlebst.

»Ein geöffnetes Herz nimmt vollständig wahr, was wirklich ist.«

In hohen Tönen von sich sprechen

Loben und Anerkennen

Ein Lob auszusprechen ist nichts anderes als ein positives Feedback. Lob und Anerkennung zu erhalten, ist Balsam für unser Selbstwertgefühl, und es gibt wohl kaum einen Menschen, der keine Wertschätzung braucht. Dennoch fällt es vielen Menschen schwer, andere zu loben. Wahrscheinlich liegt das daran, dass es uns keiner beigebracht hat oder dass uns niemand gelobt hat. Wenn wir Anerkennung geben, können wir wahrnehmen, wie gut das unserem Gegenüber tut. Somit werden auch wir selbst beschenkt und fühlen uns glücklicher. Auch Manager und Führungskräfte wissen mittlerweile, dass es wichtig ist, Lob zu verteilen, wenn sie ihre Mitarbeiter motivieren oder stärken möchten. Wertschätzung zu erhalten, ist eine Würdigung der eigenen Person. Wir fühlen uns wichtig und angesehen, da wir Aufmerksamkeit und Beachtung für unser Tun geschenkt bekommen. Durch ein positives Feedback bekommen wir das Gefühl der uneingeschränkten Annahme und sind dadurch eher bereit, (noch) mehr von uns zu geben und uns noch stärker einzubringen. Dennoch tun sich viele Menschen mit Lob und Anerkennung schwer. Egal, ob sie loben oder Lob erhalten – es erscheint ihnen oft sehr ungewohnt und fremd. Menschen, die nicht gut Lob annehmen können, neigen dazu, sich kleiner zu machen und die eigenen Leistungen herunterzuspielen, so, als sei es nichts Besonderes, oder weil sie glauben, es sei noch immer nicht gut genug. Loben will gelernt sein, und so mancher muss sich darin erst eine Zeit lang üben. Wer Anerkennung erhält, sollte lernen, einfach Danke für die entgegengebrachte Wertschätzung zu sagen, die guten Gefühle, die es auslöst, wahrzunehmen und sich darüber zu freuen.

ÜBUNG
Erkenne dich an, und lobe dich selbst

Nimm dir für die folgende Übung etwas Zeit. Es geht nun darum, dass du dich an alle deine Fähigkeiten erinnerst. Schreibe diese doch alle auf einen Zettel. Klebe, wenn du möchtest, ein schönes Foto von dir in die Mitte des Blattes, und schreibe alle deine Fähigkeiten und Talente um dein Foto herum auf. Notiere alles, was du an dir selbst wertschätzt. Du kannst auch Wörter und Bilder aus Zeitungen und Magazinen ausschneiden und sie aufkleben. Wenn deine Collage fertig ist, kannst du sie an deinen Schreibtisch oder in der Nähe deines Bettes aufhängen. Wirf jeden Tag einen Blick darauf, und mache dir deine Fähigkeiten und Talente somit immer wieder aufs Neue bewusst! Bringe dir selbst die größte Wertschätzung entgegen, und übe dich täglich darin, dich selbst zu loben. Es ist eine Bereicherung für dich selbst und zeitgleich auch der beste Weg, zu lernen, andere anzuerkennen und ihnen ein Lob auszusprechen. Du wirst sehen, wenn du dich selbst lobst und wertschätzt, wird es dir auch viel leichter fallen, andere zu loben und wertzuschätzen.

ERWEITERUNGSÜBUNG
Erkenne andere an, und lobe sie

Wenn du mit dir selbst genug geübt hast, gehe zum nächsten Schritt über, und schenke anderen deine Anerkennung. Lobe andere für Dinge, die dir an ihnen auffallen und von denen du meinst, dass sie gut und gelungen sind. Denke also nicht nur *»Diese Arbeit ist ihm/ihr aber gut gelungen«*, *»Die neue*

Frisur ist echt toll« oder *»Die Jeans steht ihm/ihr besonders gut«*, sondern sprich deine Gedanken doch einfach einmal aus, und spüre, was es mit dem anderen (und mit dir) macht, wenn du ihn lobst und anerkennst!

Zwischen Gut und Böse

Gefühle ändern durch bewusstes Denken

Wie du dich fühlst, ist deine Entscheidung! Das klingt vielleicht im ersten Augenblick hart, ist aber wahr. Oft glauben wir, dass die anderen damit zu tun haben und Schuld daran sind, wenn es uns schlecht geht. Selbstverständlich sind wir in unserem täglichen Leben ständig einer Vielzahl von Gefühlen, Stimmungen und wechselnden Gefühlszuständen ausgesetzt. Aber all das hat seinen Ursprung in unserer eigenen Wahrnehmung, denn wir selbst bewerten in jeder Situation, die wir erleben, und verpassen ihr dadurch ein Etikett. Wir urteilen und bewerten sofort, ob etwas positiv oder negativ ist. Auch unsere Gedanken, Gefühle und sogar unsere Körperempfindungen teilen wir in gut und schlecht, in angenehm oder unangenehm ein. Doch nur wir selbst können Einfluss auf unsere Gedanken, Gefühle und Empfindungen nehmen. Wir können sie beeinflussen, indem wir uns vermehrt auf das Positive konzentrieren. Wir können dem, was wir nähren wollen, mehr Raum in unserem Leben geben. Es wird unweigerlich wachsen und stärker werden. Durch unsere Aufmerksamkeit und Energie wird es genährt und erhält zunehmend Kraft. Ein schönes Bild, das wir in der Geschichte mit den zwei Wölfen verdeutlicht bekommen.

»Die zwei Wölfe«

Eine Weisheitsgeschichte über Licht- und Schattenanteile in uns

Ein alter, weiser Mann saß mit seinem Enkelsohn am Lagerfeuer. Es war schon dunkel geworden, und das Feuer knackte, während die Flammen in den Himmel züngelten.
Der Alte sagte nach einer Weile des Schweigens: *»Weißt du, wie ich mich manchmal fühle? Es ist, als ob da zwei Wölfe in meinem Herzen miteinander kämpfen würden. Einer der beiden ist rachsüchtig, aggressiv und grausam. Der andere hingegen ist liebevoll, sanft und mitfühlend.«*
»Welcher der beiden wird den Kampf um dein Herz gewinnen?«, fragte der Junge.
»Der Wolf, den ich füttere.«, antwortete der Alte

ÜBUNG

Den guten Wolf füttern

Wenn du beginnst, achtsam zu leben und auf dich zu schauen, wirst du beide Wölfe in dir kennenlernen. Du kannst deine Gedanken beobachten – jederzeit. Und du kannst deinen Geist reinigen – jederzeit. Wenn du negative Gedanken bemerkst, erinnere dich an die Geschichte, daran, dass es immer zwei Wölfe gibt! Entscheide dich jeden Tag aufs Neue oder auch in jeder neuen Situation, den guten Wolf zu füttern. Das, worauf du dich fokussierst, wird wachsen, größer und stärker und letztendlich zur Gewohnheit werden.

Beobachte dich selbst. Bemerke deine Gedanken, deine Gefühle und die Empfindungen deines Körpers. Du kannst dich fragen: *»Welchen Wolf nehme ich gerade wahr? Welcher Wolf fordert gerade meine volle Aufmerksamkeit?«* Und dann frage dich: *»Welchen Wolf möchte ich jetzt füttern?«* Wenn es der gute Wolf ist, dann richte deinen Fokus auf alles, was positiv um dich herum ist. Schaue dir all das ganz bewusst an, und fühle, wie es dir dabei geht! Damit fütterst du den guten Wolf in dir. Entdecke, was gerade alles Gute in deinem Leben gibt. Je öfter du das tust, desto stärker und lebensfroher wirst du werden.

Ernten, was man sät

Das Prinzip von Ursache und Wirkung

Wer freundlich zu anderen Menschen ist, dem wird auch Freundlichkeit von anderen zuteil. Im Umkehrschluss bedeutet das natürlich auch, dass unfreundliche Menschen Unfreundlichkeit durch andere erfahren. Das ist das Gesetz der Resonanz: Das, was wir aussenden, kehrt zu uns zurück!

Somit locken wir immer genau das an, was uns entspricht. Wir ziehen sozusagen im Außen die Energien an, die auch gerade in uns schwingen, ob uns das bewusst ist oder nicht. Und es gilt für alle Lebensbereiche: Das, was wir säen, das ernten wir. Jeder Einzelne trägt zu dem, was in seinem nahen Umfeld geschieht, etwas bei, und jeder Mensch kann sogar erheblichen Einfluss darauf nehmen, wie es allgemein in der Welt zugeht. Das klingt vielleicht etwas abgehoben, aber es ist wahr: Jeder Einzelne von uns kann dazu beitragen, die Welt zu verbessern. Sicherlich vermag niemand, das allein zu tun, aber jeder kann im Kleinen bei sich beginnen. Und wenn jeder Mensch nach seinem Ermessen und nach seinen Möglichkeiten auch nur einen kleinen Beitrag leistet, dann bewirkt das auf die Masse gesehen sehr, sehr viel für die Welt. Wir können unser Herz öffnen und alle Qualitäten unseres Herzens für uns, für andere und zum Wohle aller Wesen in die Welt tragen. Wir können jederzeit hilfsbedürftige Menschen und Tiere unterstützen. Wir können Liebe, Hoffnung, Zuversicht, Mut, Vertrauen und Frieden in die Welt senden. Wir können den Samen der Liebe und der Freude aussäen und uns vorstellen, dass das, was wir säen, wie eine Blume wächst. Wir können sie hegen und pflegen, uns um sie kümmern, ihr täglich unsere Aufmerksamkeit schenken, sie nähren und gießen, damit sie gedeiht und stark wird. In ihr wachsen neue Samen heran, aus denen wiederum neue Pflanzen entstehen können. So schaffen wir um uns herum ein großes und buntes Blumenmeer aus Liebe und Freude, das andere Menschen erfreut und sie inspiriert, auch Blumen in ihrem Garten zu pflanzen. So können wir maßgeblich zu einer positiveren Welt beitragen.

»Die Menschen in dieser Stadt«

Eine Weisheitsgeschichte über Ursache und Wirkung

Ein alter Mann saß vor den Toren einer Stadt. Alle Menschen, die in die Stadt gingen, kamen an ihm vorbei. Ein Fremder blieb stehen und sagte zu dem alten Mann: *»Du kannst mir sicher sagen, wie die Menschen in dieser Stadt sind.«* Der Alte sah ihn freundlich an: *»Wie waren sie dort, wo du zuletzt warst?« »Freundlich, hilfsbereit und großzügig. Sehr angenehme Menschen«*, antwortete der Fremde. *»Genauso sind sie auch in dieser Stadt!«* Das freute den Fremden, und mit einem Lächeln ging er durch das Stadttor. Später kam ein anderer Fremder zum alten Mann. *»Sag mir Alter, wie sind die Menschen in dieser Stadt?«* Der Alte fragte auch ihn: *»Wie waren sie dort, wo du zuletzt warst?« »Furchtbar! Unfreundlich und arrogant.«* Der alte Mann antwortete: *»Ich fürchte, so sind sie auch in dieser Stadt!«*

»Wer sein Herz wahrhaftig für die Liebe öffnet, kann nur Gutes und Heilsames erfahren.«

ÜBUNG
Gesunde Beziehung zu anderen

Oft sind unsere zwischenmenschlichen Beziehungen von Missverständnissen und Problemen geprägt. Jedes Mal, wenn du bemerkst, dass du an einen Punkt kommst, an dem du dich über das Verhalten anderer ärgerst, halte kurz inne, und beobachte die Situation von außen: *Wie verhältst du dich gerade den anderen gegenüber? Hast du Erwartungen? Wie nehmen andere dich wahr? Kannst du dich öffnen? Wie verständnisvoll und großzügig bist du anderen gegenüber?* Gibst du dir Mühe, und kannst du anderen gut zuhören, wenn sie von ihren Problemen erzählen? Hast du ein echtes Interesse am Leben deiner Mitmenschen? Eine Beziehung lebt von kleinen Gesten und Worten der Wertschätzung. Das müssen nicht immer materielle Gaben sein – auch liebevolle und anerkennende Worte, eine Umarmung und das Dasein oder Beistehen in einer Situation, in der andere unsere Hilfe oder Zuwendung benötigen, sind die wahrscheinlich schönsten Geschenke, die wir anderen machen können. Wenn du dir gesunde Beziehungen zu andere Menschen oder auch eine erfüllte Partnerschaft wünschst, dann bemühe dich um Freundlichkeit, Hilfsbereitschaft, Großzügigkeit und Güte! Du wirst sehen, dass alles, was du aussendest, in gleichem Maße wieder zu dir zurückkehrt.

Reden ist Silber – Handeln ist Gold!

Liebe und Mitgefühl in Aktion

Wahres Mitgefühl kommt aus der Mitte deines Herzens. Wenn es dir gelingt, dich und deine innere Gefühlswelt ganz bewusst wahrzunehmen oder dein Gegenüber und alle Gefühle, die zu ihm gehören, bewusst wahrzunehmen, dann bist du auf dem richtigen Weg und folgst der Weisheit deines Herzens. Beginne dabei wieder mit dem ersten Schritt: Sei bei dir selbst! Sei voll liebenden Mitgefühls für dich selbst. Fange zuerst an, Mitgefühl für dich selbst zu entwickeln – dann für dein Gegenüber. Der andere ist nur ein Spiegelbild deines Selbst. Sei jetzt bereit, wahrzunehmen, was du selbst fühlst und was andere gegenwärtig fühlen. Jeder Mensch kann einen Beitrag zum Wohle anderer und zur Verbesserung der Welt leisten. Jeder hat etwas zu geben, egal, wie groß oder klein der Beitrag auch sein mag. Und jeder kann etwas Gutes bewirken, wenn er es möchte! Wir alle können etwas ändern – und wenn es die Sicht auf das Leben ist. Jede noch so kleine freundliche Handlung bewirkt viel und kann größere Auswirkungen haben, als uns bewusst ist.

»Die Seesterne am Strand«[6]

Eine Weisheitsgeschichte über Mitgefühl und geduldiges Tun

Es war einmal ein alter Mann, der jeden Morgen einen Spaziergang am Meeresstrand machte. Eines Tages sah er einen kleinen Jungen, der vorsichtig etwas aufhob und ins Meer warf. Er rief: *»Guten Morgen, was machst du da?«*
Der Junge richtete sich auf und antwortete: *»Ich werfe Seesterne ins Meer zurück. Es ist Ebbe, und die Sonne brennt herunter. Wenn ich es nicht tue, dann sterben sie.«*
»Aber, junger Mann«, erwiderte der alte Mann, *»ist dir eigentlich klar, dass hier Kilometer um Kilometer Strand ist. Und überall liegen Seesterne. Du kannst unmöglich alle retten, das macht doch keinen Sinn.«*
Der Junge hörte höflich zu, bückte sich, nahm einen anderen Seestern auf und warf ihn lächelnd ins Meer. *»Aber für diesen macht es Sinn!«*

6 Geschichte von Loren Corey Eiseley (bearbeitet und gekürzt)

ÜBUNG
Mitgefühl erwecken

Jedes Mal, wenn du denkst, dass dein Tun oder deine Bemühungen sinnlos seien, dann denke an die Geschichte mit den Seesternen. Erinnere dich an die unermüdliche Kraft des kleinen Jungen, der die angeschwemmten Seesterne zurück ins Meer bringt, damit sie weiterleben können. Dein Sein, deine Energie und alle daraus entstehenden Handlungen können Großartiges bewirken, auch wenn es von außen betrachtet noch so klein und unbedeutend aussehen mag. Erwecke dein Mitgefühl, und leiste deinen Beitrag für die Welt. Betrachte dein Tun wie die Seesterne in den Händen des Jungen, und sei dir gewiss: Dein mitfühlendes und geduldiges Handeln macht einen Unterschied! Beobachte deine Gefühls- und Gedankenwelt, wenn du mit anderen im Kontakt bist: *Was geht in dir vor? Erkenne, wie mitfühlend du bereits bist! Kannst du dein Mitgefühl für dich selbst wahrnehmen? Erlebst du dich als mitfühlenden Menschen anderen Menschen und Tieren gegenüber? Bist du bereit, still zu werden, deine Urteile und Bewertungen aufzugeben und der Stimme deines Herzens und der deines Gegenübers zuzuhören?*

Übe dich jetzt mehr und mehr darin, dir selbst und allen Menschen, Tieren und der gesamten Natur gegenüber eine mitfühlende Haltung einzunehmen. Sende dein Mitgefühl und deine Liebe in die Welt. Mitgefühl ist das bewusste Wahrnehmen und die uneingeschränkte Annahme aller Lebewesen – einschließlich dir selbst. Es trägt den Wunsch in sich, dass alle Lebewesen frei von Schmerz, Kummer und Leid sein mögen. Schaue, an welcher Stelle du deinen persönlichen Beitrag leisten möchtest, und werde jetzt aktiv.

»Ein gütiges und mitfühlendes Herz kann bewusst wahrnehmen. Es ist zur uneingeschränkten Annahme und bedingungslosen Liebe fähig und trägt den tiefen Wunsch in sich, dass es allen Lebewesen gut gehen möge.«

Vergebung schenkt Frieden und Freiheit

Wer sich eine friedvolle Welt im Außen wünscht, sollte damit beginnen, eine friedvolle Welt in seinem Inneren zu erschaffen. Eine vollständige Heilung des Herzens ist mit Achtsamkeit, Akzeptanz und Vergebung möglich. Alles, was uns angetan wurde oder was wir anderen angetan haben, verdient liebende Güte und Vergebung. Durch wahres Mitgefühl für uns selbst und für andere können alte Verletzungen geheilt und Erfahrungen integriert werden. Es ist relativ einfach zu erklären und zu verstehen: Alles, was integriert ist, muss nicht mehr auf andere projiziert werden, damit es sichtbar wird. Wenn wir bereit sind, Frieden in uns selbst zu schaffen, und uns erlauben, heil zu werden, können wir uns mit allem verbunden fühlen, Teil des großen Ganzen sein und maßgeblich dazu beizutragen, in einer Welt voller Liebe und Frieden zu leben.

»Das perfekte Herz«[7]

Eine Weisheitsgeschichte über die wahre Schönheit des Herzens

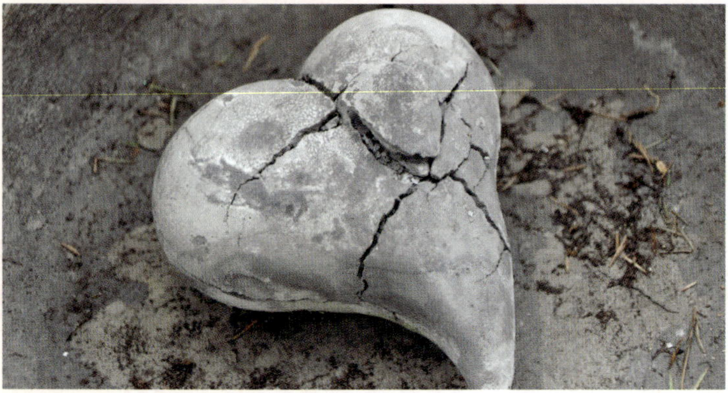

Eines Tages stand ein junger Mann mitten in der Stadt und erklärte, dass er das schönste Herz im ganzen Tal habe. Eine große Menschenmenge versammelte sich, und sie alle bewunderten sein Herz, denn es war perfekt. Es gab keinen Fleck oder Fehler in ihm. Ja, sie alle gaben ihm recht, es war wirklich das schönste Herz, das sie je gesehen hatten. Der junge Mann war sehr stolz und prahlte noch lauter über sein schönes Herz. Plötzlich tauchte ein alter Mann vor der Menge auf und sagte: *»Nun, dein Herz ist nicht mal annähernd so schön wie meines.«*

Die Menschenmenge und der junge Mann schauten das Herz des alten Mannes an. Es schlug kräftig, aber es war voller Narben, es hatte Stellen, wo Stücke entfernt und durch andere ersetzt worden waren. Aber sie passten nicht richtig, und es gab einige ausgefranste Ecken ... Genauer gesagt, an einigen Stellen waren tiefe Furchen, wo ganze Teile fehlten.

7 Geschichte von Manuela Ridder-Hillenbrand

Die Leute starrten ihn an. Wie kann er behaupten, sein Herz sei schöner, dachten sie? Der junge Mann schaute auf des alten Mannes Herz, sah dessen Zustand und lachte: »*Du musst scherzen*«, sagte er, »*dein Herz mit meinem zu vergleichen. Meines ist perfekt, und deines ist ein Durcheinander aus Narben und Tränen.*«
»*Ja*«, sagte der alte Mann, »*deines sieht perfekt aus, aber ich würde niemals mit dir tauschen. Jede Narbe steht für einen Menschen, dem ich meine Liebe gegeben habe. Ich reiße ein Stück meines Herzens heraus und reiche es ihnen, und oft geben sie mir ein Stück ihres Herzens, das in die leere Stelle meines Herzens passt. Aber weil die Stücke nicht genau passen, habe ich einige raue Kanten, die ich sehr schätze, denn sie erinnern mich an die Liebe, die wir teilten. Manchmal habe ich auch ein Stück meines Herzens gegeben, ohne dass mir der andere ein Stück seines Herzens zurückgegeben hat. Das sind die leeren Furchen. Liebe geben heißt manchmal auch, ein Risiko einzugehen. Auch wenn diese Furchen schmerzhaft sind, bleiben sie offen, und auch sie erinnern mich an die Liebe, die ich für diese Menschen empfinde, und ich hoffe, dass sie eines Tages zurückkehren und den Platz ausfüllen werden. Erkennst du jetzt, was wahre Schönheit ist?*« Der junge Mann stand still da, und Tränen rannen über seine Wangen. Er ging auf den alten Mann zu, griff nach seinem perfekten, jungen und schönen Herzen und riss ein Stück heraus. Er bot es dem alten Mann mit zitternden Händen an. Der alte Mann nahm das Angebot an, setzte es in sein Herz. Er nahm dann ein Stück seines alten vernarbten Herzens und füllte damit die Wunde des jungen Mannes Herzen. Es passte nicht perfekt, da es einige ausgefranste Ränder hatte. Der junge Mann sah sein Herz an, nicht mehr perfekt, aber schöner als je zuvor, denn er spürte die Liebe des alten Mannes in sein Herz fließen. Sie umarmten sich und gingen weg, Seite an Seite.

ÜBUNG
Frieden im Herzen

Finde eine Person, mit der du noch im Unfrieden bist oder der du bislang nicht vergeben konntest. Versuche, dieser Person das Gefühl von liebender Güte aus der Mitte deines Herzens zu senden. Wenn es dir schwerfällt oder negative Gefühle in dir aufsteigen, dann beginne damit, deine liebende Güte auf etwas oder jemanden zu richten, den du magst oder liebst. Gehe ganz im Gefühl der Liebe auf und nimm es in deinem Herzen wahr. Lege deine Hand auf dein Herz! *Wie fühlt sich die Liebe dort an? Ist sie wohlig und warm? Kribbelt es? Breitet sie sich in dir aus?* Stelle dir dein Gegenüber vor, und fühle, wie die Energie deines Herzens direkt in seines fließt. Vielleicht ist die Energie wie ein Band, eine Schnur oder ein Faden, der zwischen euren Herzen entsteht und euch verbindet. Genieße die Kraft der Liebe, und spüre, wie du und dein Herz von dieser Energie überströmen.

Nun richte deine Aufmerksamkeit wieder auf die Person, der du bislang nicht verzeihen konntest. Fühle dich noch einmal ein. Kannst du einen Unterschied zu vorher wahrnehmen? In dem Moment, in dem du wirklich im Gefühl der Liebe bist, ist daneben kein Platz mehr für negative Gefühle. Die Liebe verurteilt nicht, sie bewertet nicht, sie lehnt nichts ab, sondern nimmt alles genau so an, wie es ist! Jetzt sieh den göttlichen Kern in deinem Gegenüber – nimm wahr, dass seine Seele rein und frei auf diese Welt kam. Bewerte ihn nicht – nicht für das, was er ist, was er nach außen darstellt oder was er in der Vergangenheit gewesen ist oder getan hat. Wenn du keine Liebe empfinden kannst, dann ist ein erster Schritt, ihm *neutral zu begegnen*. Versuche, dich in dein Gegenüber hineinzuversetzen und zu fühlen, was er gefühlt hat. Vielleicht kannst du spüren, dass sein Handeln aus seiner eigenen Opfergeschichte resultiert. Wahres Mitgefühl für dich und den anderen öffnet dir die Tür zur Vergebung. Die Liebe wird dann wie von selbst in dir aufsteigen. In jeder Seele sind Licht und Liebe. Öffne dich mehr und mehr für die bedingungslose und verbindende Art der Liebe. Lerne, zu lieben – nicht mehr aus bestimmten Gründen heraus, sondern einzig und allein des Lebens wegen. Du kannst dich und alles um dich herum schon deshalb lieben, weil es lebt und existiert. Allein die Existenz aller Dinge genügt, um die größtmögliche Liebe in dir zu verspüren.

»Es ist immer das Ego, das an alten schmerzhaften Geschichten festhält, denn das Herz hat die Fähigkeit, zu vergeben.«

Verbundenheit und Zusammengehörigkeit

Je öfter wir uns so zeigen, wie wir sind, und je weiter wir unser Herz öffnen, desto besser wird es uns gelingen, unsere Herzenergie auszusenden. Wir können spüren, dass sich diese Energie ausbreitet und wir mit allem tiefer in Berührung kommen. Die Energie unseres offenen Herzens hilft uns dabei, uns wirklich verbunden zu fühlen. Die Liebe, die jedem Herzen innewohnt, kennt keine Grenzen, und sie verbindet alles miteinander. Wir können zu allem eine direkte Verbindung erschaffen, einfach indem wir jedes Lebewesen, jede Sache, alles, was existiert, als Teil des großen Ganzen anerkennen.

ÜBUNG
Umarmungsmeditation

Versuche jeden Tag ganz bewusst, dein Herz zu öffnen und deine Verbundenheit zu spüren. Bei einer Umarmung verbinden sich unsere Herzen, und wir spüren, dass in Wirklichkeit keine Trennung existiert, sondern wir miteinander verbundene Wesen sind. Eine Umarmung, achtsam ausgeführt, kann bedingungslose Annahme, Glücksgefühle und Heilung mit sich bringen. Das achtsame Umarmen kann Menschen dabei helfen, sich miteinander zu versöhnen. Ich habe sie schon besonders erfolgreich mit Müttern und Kindern in der Praxis angewendet, um eine neue Hinwendung zu ermöglichen, wenn sie sich durch ein traumatisches Lebensereignis gefühlsmäßig voneinander entfernt und entfremdet hatten. Die Umarmungsmeditation kann aber auch mit Freunden, dem Partner oder auch mit einem geliebten Tier oder einem Baum im Wald praktiziert werden.

Das Umarmen ist eine wunderschöne Übung mit einer tief greifenden Wirkung, wenn man sie achtsam durchführt und dabei vollkommen präsent ist.

Breite deine Arme aus, und umarme einen Menschen (wahlweise auch ein Tier oder einen Baum), und halte diesen für drei Atemzüge. Werde dir beim *ersten Atemzug* deiner Präsenz gewahr, und spüre in dem gegenwärtigen Moment, dass du glücklich bist. Werde dir beim *zweiten Atemzug* der Präsenz deines Gegenübers gewahr, und spüre, dass dieser glücklich ist. Werde dir beim *dritten Atemzug* eurer beider Präsenz gewahr, und spüre die Verbundenheit zwischen euch beiden, und fühle auch die daraus resultierende Dankbarkeit und das Glück. Lasse dein Gegenüber sanft wieder los, und wenn du möchtest, kannst du dich zum Dank kurz vor ihm verneigen und ihm in Stille wünschen: *»Mögest du glücklich und gesund sein.«*

»Menschen mit einem offenen Herzen
fühlen sich vollkommen und vollständig
verbunden mit allem, was lebt.«

Positive Psychologie

Wenn man den Begriff »Positive Psychologie« hört, kommen die meisten zum Schluss, dass es sich dabei um positives Denken und eine besondere Form des Mentaltrainings handelt. Während bei der akademischen Psychologie ein besonderes Augenmerk auf Defizite, Störungen und den daraus entstehenden Konflikten gerichtet wird, kümmert sich die Positive Psychologie um die Erforschung und Förderung von positiven Gefühlen. Dabei wendet sie sich positiven Aspekten wie Glück, Optimismus, Vertrauen, Geborgenheit, Verbundenheit und Vergebung zu und fördert die Wahrnehmung von positiven Emotionen, die dem Menschen beim persönlichen Wachstum und der seelischen Entwicklung dienlich sind. Vertreter der Positiven Psychologie fanden heraus, dass man sein Wohlbefinden und Glücksempfinden steigern kann, wenn man seine Charakterstärken einsetzt. Im deutschsprachigen Raum ist dieser relativ junge Ansatz verstärkt auch unter dem Namen »Glücksforschung« bekannt. »Positive Psychologie« ist die Bezeichnung eines vom US-amerikanischen Psychologen Prof. Dr. Martin Seligman von der University of Pennsylvania begründeten Forschungsprogramms. Er machte es sich zur Aufgabe, den Blick umzukehren und die positiven Gefühle zu nutzen. Das bedeutet, den Blick nicht mehr nur auf das »Unvollkommene« und die negativen Gefühle zu richten, sondern auf das Positive zu schauen. Dabei erforschte er, was Menschen allgemein stärkt und was das Leben lebenswerter macht. Mehrere Jahrzehnte lang arbeitete er als Psychotherapeut mit Tausenden von Menschen, die unter starken negativen Emotionen, u.a. unter Depressionen, litten. Aufgrund seiner Erfahrungen entstand bei Prof. Seligman der Wunsch, in Zusammenarbeit mit seinen Klienten nicht nur die Ursachen der negativen Emotionen zu beseitigen, um die Schmerzen zu lindern, sondern stattdessen gemeinsam mit ihnen fördernde Bedingungen zu schaffen, um eine permanente Heilung herbeiführen. Daraus entwickelte er den Ansatz der Positiven Psychologie. Diese fördert den Willen des Menschen, eine positive Zukunft zu schaffen, damit dieser nachhaltig glücklich sein kann. Das Grundprinzip der Positiven Psychologie lautet daher, die eigenen Stärken zu stärken! Menschen, die auf ihre Schwächen und Defizite fokussiert sind und nur auf das achten, was sie nicht können oder was ihnen fehlt, werden dadurch nicht stärker, sondern schwächer. Menschen hingegen, die sich ihre Stärken bewusst machen und diese gezielt einsetzen, sind widerstandsfähiger, glücklicher und auch erfolgreicher in ihrem Leben.

Die Förderung der Lebenszufriedenheit

Der größte Irrtum in Bezug auf das Glück ist, dass wir glauben, dass wir erst dann richtig glücklich sein können, wenn dies oder jenes geschieht. Wir machen unser Glück von äußeren Faktoren abhängig, anstatt auf das zu schauen, was bereits da ist und uns Anlass bietet, glücklich zu sein. Wir gehen von der Annahme aus, dass wir zum Beispiel erst genug Geld verdienen, einen bestimmten Abschluss erreichen, das Eigenheim oder ein neues Auto besitzen müssen, um uns glücklich zu fühlen. Wir gehen davon aus, dass wir, sobald wir unsere Ziele erreichen, Glück und Zufriedenheit erlangen. Da wir aber wissen, dass jeder Mensch in sich selbst genügend Ressourcen (innere Kraftquellen) besitzt, um sein Leben erfolgreich zu meistern, und diese nicht im Außen suchen muss, forscht die Positive Psychologie nicht danach, was den Menschen krank macht, sondern danach, was den Menschen gesund hält. Sie fördert die natürlichen

Ressourcen eines Menschen, anstatt sich mit Defiziten und Störungen aufzuhalten. Durch die zahlreichen Erkenntnisse und Anregungen aus der Positiven Psychologie können Menschen ihre Stärken bewusster und gezielter einsetzen, um glücklich und erfolgreich zu sein, um gute und erfüllende Beziehungen zu führen und um mehr Lebensfreude und den Sinn im Leben zu finden.

Resilienz

Widerstandskraft und Wohlbefinden

Weitere Eigenschaften, die nach wissenschaftlichen Forschungen das allgemeine Wohlbefinden steigern, sind Gewissenhaftigkeit, Durchhaltevermögen, gerade auch bei schwierigen Aufgaben, ein positives Selbstbild wie auch das Leben in der Gegenwart. Das Ziel ist die Förderung der Lebenszufriedenheit und des allgemeine Wohlbefindens.
Die eigene persönliche Entwicklung stärkt das psychische Immunsystem und erhöht unsere seelische Widerstandskraft, genannt »Resilienz«. Darunter versteht man aber neben der Widerstandsfähigkeit auch die Fähigkeit eines Menschen, mit Veränderungen umzugehen, zum Beispiel mit positiven Herausforderungen, aber auch mit negativen Erlebnissen wie Rück- und Schicksalsschläge, Krankheit und Tod. Wer sich langfristig mit der Positiven Psychologie beschäftigt, kann nicht nur das Leben lebenswerter gestalten, sondern sich auch gleichzeitig vor Depressionen und Burnout schützen.

Zeit für Glücksgefühle

Don't worry – be happy

Laut Schätzungen leiden allein in Deutschland zwischen vier und fünf Millionen Menschen an Depressionen. Auch bei schweren Formen dieser Krankheit kann sich häufiges Glücksempfinden positiv auf die Betroffenen auswirken. Therapeuten, Psychologen und Coaches, die sich mit der Positiven Psychologie bzw. der Glücksforschung beschäftigen, versuchen, dieses Wohlgefühl bei ihren Klienten gezielt zu fördern und zu stärken. Das Erleben von Glücksgefühlen kann sowohl in der therapeutischen Praxis als auch im Alltag als heilsame Unterstützung angewendet werden. Glück tut uns einfach gut. Menschen, die sich glücklich fühlen, haben stabilere soziale Beziehungen, sind gesünder, arbeiten effektiver, sind erfolgreicher und leben dazu auch noch länger. Zudem sind sie aktiver, offener, hilfsbereiter und werden von ihrem Umfeld als angenehme und energievolle Menschen wahrgenommen.

Glück bedeutet für jeden etwas anderes. Glück hängt niemals davon ab, was wir sind oder welche materiellen Gütern wir besitzen, sondern davon, ob wir bereit sind, das Glück im Leben zu erkennen. Unsere Einstellung zum Glück bestimmt, wie viele Glücksmomente wir täglich erleben. Die sogenannte selbsterfüllende Prophezeiung spielt dabei eine bedeutende Rolle, denn wir geben dem, worauf wir uns konzentrieren, Energie und laden es in unser Leben ein. Menschen, die überwiegend das Negative in allem sehen, werden zu regelrechten Pechvögeln. Im Gegensatz dazu werden Menschen zu Glückspilzen, die ihren Blick ausschließlich auf das Gute und Positive im Leben richten.

»Perlen des Glücks«

Eine Weisheitsgeschichte über das Suchen und Finden des Glücks

Es war einmal ein Mädchen, das bekam von ihrer Oma eine kleine Dose mit vielen bunten Perlen geschenkt. Die Oma riet ihr, sie solle jeden Morgen eine Handvoll Perlen in ihre rechte Jackentasche stecken. Und jedes Mal, wenn sie am Tage etwas besonders Schönes erlebte, was ihr einen Moment der Freude und des Glücks bescherte, solle sie eine Perle aus der rechten in die linke Jackentasche wandern lassen. Weiterhin riet die Oma ihr, jeden Abend, bevor sie schlafen gehe, alle Perlen aus der linken Jackentasche auf ihren Nachttisch zu legen und diese zu zählen, um zu schauen, wie oft sie an dem jeweiligen Tag glücklich und freudvoll gewesen ist. Bei jeder Perle könne sie sich noch einmal bewusst an das schöne Erlebnis erinnern. Zu Beginn waren es ein oder zwei Perlen, die sie abends aus ihrer linken Jackentasche herausholte. Sie war etwas traurig und fragte die Oma, ob sie etwas falsch mache, da sie abends nur so wenige Perlen in den Händen halte. Daraufhin gab ihr die Oma folgenden Rat: *»Kind, schau auch auf die kleinen Dingen des Lebens. Das Glück findet sich oft dort, wo wir es am wenigsten erwarten!«* Und so kam es, dass das Mädchen begann, auch nach den kleinen Dingen Ausschau zu halten, und sie bemerkte eine schöne Blume am Wegesrand. Sie genoss ihren leckeren Tee, die wärmenden Sonnenstrahlen auf ihrer Haut oder die Vögel, die im Baum vor ihrem Fenster zwitscherten. Und so kam es, dass von Tag zu Tag immer mehr Perlen von der rechten in die linke Jackentasche wanderten. Das Mädchen blickte abends glücklich auf den Tag zurück und schlief zufrieden ein.

ÜBUNG
Sammle deine Glücksmomente

Um dir deine Glücksmomente bewusst zu machen, kannst du wie in der Geschichte »Perlen des Glücks« Perlen (Erbsen oder Bohnen eignen sich ebenfalls) von der einen in die andere Jacken- oder Hosentasche wandern lassen. Es geht darum, deinen Blick auf all das Schöne und Positive zu richten, was das Leben dir bietet. Achte dabei auch auf die Dinge, denen du bislang keine Beachtung geschenkt hast. Zum Beispiel: ein nettes Gespräch mit dem Kollegen oder Nachbarn, das gute Gefühl, dass dich jemand an der Kasse vorgelassen hat (oder du ihn), ein leckeres Abendessen im Kreis deiner Lieben oder ein gutes Buch oder eine Tasse Tee. Eine zweite Variante der Übung, die ich Menschen im Coaching ans Herz lege, ist, das Glücksmomente-Glas. Du kannst ein großes Glas (zum Beispiel ein Gurkenglas) auswaschen, einen Aufkleber mit »Meine Glücksmomente« daraufkleben und kleine, bunte Zettel danebenlegen. Sobald du einen Moment des Glücks erlebt hast, notierst du diesen auf einem dieser Zettel und tust ihn in das Glücksmomente-Glas. In Zeiten, in denen es dir nicht gut geht, kannst du das Glas hervorholen und einen oder mehrere Zettel daraus herausziehen, um dich wieder an das Erlebnis und das Gefühl, das du dabei empfandest, zu erinnern. Besonders schön ist es, wenn du am Silvesterabend Bilanz ziehst und dir noch einmal bewusst alle Glücksmomente des vergangenen Jahres anschaust.

Das Leben im Fluss

Flow

Ein Vorreiter der Positiven Psychologie ist der Psychologe Mihály Csíkszentmihályi. Er studierte bereits im Jahr 1975 die Umstände, bei denen Menschen intensive Glücksgefühle empfanden. Bei seinen Untersuchungen konnte er herausfinden, dass ein Mensch mit der Tätigkeit, die er gerade ausübt, nahezu verschmelzen kann und dass er dabei Zeit und Raum vergessen und das Bewusstsein um die eigene Person sogar ein Stück weit verlieren kann. Es entsteht das Gefühl, dass die Zeit schneller vergeht. Der Mensch befindet sich dann im absoluten Gleichgewicht zwischen der Tätigkeit und seinen persönlichen Fähigkeiten, und dieser Zustand wird »Flow« genannt. Ist ein Mensch in diesem Zustand, fühlt er sich vollkommen glücklich und losgelöst von allen Problemen. In diesem Moment denkt er weder an Vergangenes noch an Zukünftiges, sondern ist tief im gegenwärtigen Moment verankert. Der Flow tritt jedoch erst auf, wenn sowohl die äußeren Anforderungen als auch die eigene Kompetenz überdurchschnittlich hoch sind. Sprich, wir fühlen uns der Anforderung gewachsen, dennoch stellt sie eine gewisse Herausforderung für uns dar. Schätzen wir die Anforderung als zu hoch bzw. unsere Kompetenz als zu niedrig ein, dann hat das Ängste zur Folge, zum Beispiel Angst, es nicht zu schaffen, einen Fehler zu machen, zu versagen oder nicht gut genug zu sein. Wenn wir im Flow sind, sind unser Denken, unser Fühlen und unsere Handlungen im absoluten Einklang. Es ist also durchaus empfehlenswert, unser Leben so zu organisieren, dass wir immer wieder vor neuen Herausforderungen stehen, die den Einsatz unserer Fähigkeiten fordern, uns aber keineswegs überfordern oder gar ängstigen. Der Flow kann überall entstehen: bei der Arbeit, in der Freizeit, beim Ausüben eines Hobbys wie dem Malen, Schreiben oder Basteln, aber auch beim Computerspielen, wenn ein höheres Level erreicht wird, beim Sport und besonders auch bei der Meditation.

ÜBUNG

Gute-Gefühle-Pinnwand

Wenn du dich in eine Aktivität vertiefst, die dich wirklich von Herzen erfüllt, kannst du wahres Glück empfinden. Das Glücksgefühl kommt aus deinem Inneren, wenn du auf etwas konzentriert bist, in dem du voll und ganz aufgehen kannst. Schaue jetzt einmal, bei welcher Tätigkeit du dich so richtig gut fühlst! Bei welchen Aktivitäten erlebst du den sogenannten Flow? Bei welcher Tätigkeit oder welchem Hobby verlierst du das Gefühl für Zeit und Raum, weil du ganz mit dem verschmilzt, was du gerade tust? Errichte eine Gute-Gefühle-Pinnwand, wenn du magst. Diese kannst du dann mit Fotos von den jeweiligen Aktivitäten oder Situationen, die dich in den Flow versetzen, bestücken. An Tagen, an denen es dir nicht so gut geht, kannst du einen Blick darauf werfen. Die Pinnwand hilft dir dabei, dich an das zu erinnern, was positive Emotionen in dir auslöst. Suche dir eine Tätigkeit aus, und führe sie durch. Auch wenn du dich dazu aufraffen musst, etwas zu tun, mache dir bewusst, dass du deinen gegenwärtigen Zustand nur verändern kannst, indem du etwas anderes tust, und zwar etwas, was dir wirklich guttut!

> »Wahre Glücksgefühle entstehen, wenn wir mit einer Sache verschmelzen, die uns am Herzen liegt.«

Den Sinn des Lebens finden

The meaning of life

Eine weitere wichtige Forschungsfrage der Positiven Psychologie ist, welche Charaktereigenschaften glücksfördernd und welche glückshemmend sind. Bei einer Umfrage kam heraus, dass extrovertierte Menschen, die fröhlich und lebensbejahend waren, die gern aus sich herausgingen und häufig im Mittelpunkt standen und von anderen als gesellig und kontaktfreudig wahrgenommen wurden, auf der Glücksskala ganz oben standen. Neurotische Charaktere wiederum, also Menschen, die eher ängstlich, nervös, zurückhaltend und nachdenklich waren, befanden sich am anderen Ende dieser Skala. Menschen, die einen Sinn in ihrem Leben erkennen, fühlen sich erfüllter und sind meist auch dankbarer. Sie haben erkannt, dass sie ihre Stärken so einsetzen können, dass sie Glück erfahren und somit auch einen tieferen Sinn in all ihren Bemühungen und Handlungen sehen.

ÜBUNG

Erfülle dir einen Kindheitstraum

Nur in der Gegenwart, im Hier und Jetzt, kannst du Veränderung schaffen. Du kannst vorherige Augenblicke nicht mehr verändern, denn sie sind vergangen. Auch kannst du zukünftige Augenblicke nicht beeinflussen, denn sie sind noch gar nicht da. Einzig und allein den gegenwärtigen, einmaligen Augenblick kannst du ganz frei nach deinen Wünschen und Vorstellungen gestalten. Frage dich: *Welchen Kindheitstraum trage ich in meinem Herzen?* Dann schaue, wie du ihn dir (möglichst zeitnah) verwirklichen kannst. Du kannst nur in der Gegenwart die Weichen für das, was du in der Zukunft erleben willst, stellen. Du bist der Schöpfer deines Lebens und hast das Recht, glücklich zu sein. Lebe – hier und jetzt!

Wie du dein Leben erblühen lässt

How to flourish your life

Gefühle sind ein wichtiger Bestandteil unserer Existenz. Sie beeinflussen unseren Körper, unseren Geist und unser gesamtes Sein. Sie verleihen unserem Leben Würze und zeigen uns unsere Lebendigkeit auf. Wenn wir negative Emotionen wie Wut, Hass, Scham oder Angst empfinden, wirkt sich das nicht nur einschränkend auf unser Denken aus, sondern auch unsere Fähigkeit zu handeln wird dann beeinträchtigt. Starke negative Emotionen lösen das Gefühl von Bedrohung in uns aus, und meist reagieren wir dann mit Angriff oder Flucht. So laufen wir aus Angst weg, greifen aus Wut an oder verkriechen uns aus Scham. Auch unser Körper kann heftige Reaktionen zeigen: beschleunigte Atmung, erhöhter Blutdruck, starke Muskelanspannung. So bereitet sich auch der Körper auf einen Angriff oder eine Flucht vor. Positive Emotionen wie Freude, Zufriedenheit oder Dankbarkeit erweitern unsere Denk- und Handlungsfähigkeiten. Da sie augenscheinlich nicht ganz so starke Reaktionen in uns hervorrufen wie der Flucht- oder der Kampfreflex und sie uns nicht sichtbar mobilisieren, nehmen wir sie nicht so stark wahr wie negative Emotionen. Positive Gefühle wie Liebe, Dankbarkeit, Wachstum und Verbundenheit verbessern nicht nur unser Wohlbefinden, sondern bereichern auch die Beziehungen in unserem Leben. Positive Gefühle machen uns resilient/widerstandsfähiger, sie lassen uns »aufblühen« (engl. »flourish«). Wenn wir einige leicht anwendbare Übungen der Positiven Psychologie durchführen, kann das sehr bereichernd und stärkend sein – und das wiederum hat natürlich auch Auswirkungen auf unsere Gesundheit. Die Positive Psychologie verfügt über ein sehr großes Spektrum an Ideen und Übungen, wie man positive Gefühle wecken und dem Glück auf die Sprünge helfen kann. Den Fokus regelmäßig auf die positiven Dinge zu richten, macht uns langfristig zufriedener und ausgeglichener, steigert unser Glücksempfinden, und wir gewinnen mehr Lebensfreude. Nun folgen einige Übungen und Glücksrezepte, wie du mehr Freude in dein Leben einladen kannst:

ÜBUNG

Tut-mir-gut-Auszeit

Besorge dir ein Blatt Papier, und beantworte dir selbst einmal die folgenden Fragen:

Was macht mein Leben lebenswert?
Was lässt mich so richtig »aufblühen«?
Wodurch kann ich meine Lebenszufriedenheit nachhaltig steigern?

Sammle alles, von dem du meinst, dass es dein Leben noch wertvoller und schöner macht. Wenn du Dinge und Aktivitäten gesammelt hast, die dich aufblühen lassen, dann bemühe dich darum, sie in dein Leben zu holen bzw. in die Tat umzusetzen. Werde aktiv! Wähle etwas von deiner Liste aus, und schaffe dir Raum und Zeit, dir selbst etwas Gutes zu tun! Am einfachsten ist es, wenn du einen bestimmten Zeitraum, einen Tag in der Woche bestimmst, an dem du alle Verpflichtungen sein lässt und dich ausschließlich um dein Wohlbefinden kümmerst. Lasse nichts dazwischenkommen, denn es ist deine Tut-mir-gut-Auszeit! Du wirst sehen, wie schnell deine Zufriedenheit wächst, wenn du dir regelmäßig eine Auszeit erlaubst und diese mit etwas füllst, dass dich glücklich und dein Leben noch lebenswerter macht!

Schaue auf das, was gut ist

Good things will happen

Wir Menschen neigen im Allgemeinen dazu, all das zu sehen, was nicht gut ist, und unseren Blick eher auf das Negative als auf das Positive auszurichten. Diese Haltung schwächt uns und löst Frust, Ängste und Verzweiflung aus. Meist nehmen wir sehr präzise wahr, was uns alles noch fehlt, was nicht gut genug oder schiefgelaufen ist. Im Vergleich schauen wir aber nicht anerkennend auf das, was alles schon vollbracht, gut und gelungen ist. Die Was-ist-gut-gelaufen-Übung ist sehr hilfreich, um eine neue Sichtweise auf das große Ganze zu bekommen. Sie stärkt uns, weil wir den Fokus auf unsere Erfolge richten, und dabei ist nicht entscheidend, wie groß diese sind. Auch die kleinen Dinge zählen und machen in der Summe sehr viel aus.

ÜBUNG
Mein Was-ist-gut-gelaufen-Tagebuch
Besorge dir ein Heft oder eine Kladde, und lege sie neben dein Bett. Nimm dir vor dem Schlafengehen einen kurzen Moment Zeit, und notiere darin drei Dinge, die an dem Tag gut gelaufen sind. Schreibe auch in Stichworten dazu, warum sie gut gelaufen sind. Was war deine »persönliche Zutat« zum guten Gelingen. Mache das mindestens einen Monat lang, und beobachte, wie du dich fühlst. Spüre die positive Wirkung. Natürlich kannst du die Übung auch fortführen oder als tägliches Ritual beibehalten.

*»Es ist nicht immer leicht,
in allem das Gute zu entdecken –
aber es ist möglich, wenn man es finden will.«*

Schaue, wofür du dankbar bist

Count your blessings
Liebe und Dankbarkeit sind die stärksten Kräfte im Universum, daher ist die Fähigkeit, von Herzen dankbar zu sein, eine wahre Liebeserklärung an dich selbst, an andere und an das Leben selbst. Es ist erwiesen, dass das Gefühl von Dankbarkeit einen starken Einfluss auf unser Wohlbefinden und auf unsere psychische Gesundheit hat. Daher gibt uns die Positive Psychologie auch einige wunderbare Übungen an die Hand, um die Dankbarkeit in uns zu kultivieren. Das bewusste Erleben von Dankbarkeit ist eine wahre Kraftquelle. Wenn wir uns bewusst machen, wofür wir dankbar sind, breitet sich umgehend ein tiefes Gefühl von Zufriedenheit

und Freude in uns aus. Und ein weiterer positiver Effekt ist, dass wir, sobald wir uns auf die Dankbarkeit fokussieren, immer mehr Dinge in unserem Leben entdecken, für die wir dankbar sein können.

»Dankbarkeit erschafft eine Verbindung zu wahrer Freude und tiefem Glück.«

ÜBUNG
Mein Dankbarkeitstagebuch

Lege dir ein Dankbarkeitstagebuch zu, in dem du jeden Tag drei Dinge aufschreibst, für die du an dem jeweiligen Tag dankbar bist. Darin kannst du viele Dankbarkeitsmomente sammeln. Beginne mit *»Ich bin dankbar für ...«*, und dann schreibe alles auf, was dir einfällt, zum Beispiel: ... *mein gemütliches Zuhause, meine liebevolle Familie, meine Eltern, die mich unterstützten, meine Freunde, mit denen ich über alles reden kann, meine Gesundheit, meinen Humor und mein Lachen, mein Tier, das mir treu zur Seite steht, die Liebe meines Partners, meine Arbeit, die mir Spaß macht, meine netten Kollegen, die Unterstützung von anderen Menschen, die für mich da sind, wenn ich sie brauche, Komplimente von anderen, meine Sinne, also dafür. dass ich sehen, hören, riechen, schmecken und fühlen kann, jeden neuen Tag, den ich erleben darf, usw.*

Wir können dankbar sein, egal, was uns passiert – selbst wenn es uns auf den ersten Blick negativ erscheint. Wenn wir Dankbarkeit im Inneren fühlen, strahlt diese Energie nach außen, und wie wir wissen, haben Energien keine andere Wahl, als genau das zurückzubringen, was wir zuvor mit unseren Gedanken und Gefühlen ausgesendet haben. Wenn wir Dankbarkeit zu unserem Lebensstil machen, ziehen wir noch mehr Dinge an, für die wir dankbar sein dürfen. Dankbarkeit funktioniert wie ein Magnet. Dankbarkeit schenkt uns dauerhaften Erfolg, Glück und Gesundheit und ist eine Power-Strategie für mehr Zufriedenheit in unserem Leben.

ÜBUNG

Meine Dankbarkeitsliste

Nimm dir ein paar Minuten lang Zeit, und erstelle eine Dankbarkeitsliste. Dazu nimmst du ein Blatt Papier und einen Stift zur Hand und fragst dich: *Wofür bin ich heute dankbar? Wofür könnte ich mich bei anderen bedanken?* Das Gute ist, dass, sobald du dich selbst fragst *»Wofür bin ich dankbar?«*, dein Gehirn diese Frage beantworten muss. Negative Selbstgespräche werden sofort abgeschaltet, denn das Gehirn sucht und findet Antworten. Nach diesen wenigen Minuten im Gefühl der Dankbarkeit wirst du sofort merken, dass du nach dem Aufschreiben viel glücklicher als zuvor bist. Darum empfehle ich dir, diese Übung am Morgen zu machen. Du investierst nur ein paar Minuten, um für den Rest des Tages glücklich zu sein.

»Wahres Glück empfinden wir im Geben,
denn wer andere glücklich macht, wird selbst glücklich.«

Jedes Mal, wenn du dich nicht gut fühlst, nimmst du deine Dankbarkeitsliste oder dein Dankbarkeitstagebuch zur Hand. Indem du dir vor Augen hältst, wie viel Positives in deinem Leben existiert, wirst du einen inneren Reichtum fühlen, und deine Stimmung wird sich umgehend verbessern. Dankbarkeit ist auch etwas, was du trainieren kannst. Je regelmäßiger du Dankbarkeit empfindest, desto stärker wird der positive Effekt dieses Gefühls sein.

Eine weitere wirkungsvolle Dankbarkeitsübung ist, wenn du deine Aufmerksamkeit auf einen Menschen richtest, dem du für etwas dankbar bist. Es ist ganz egal, wie lange das Ereignis mit der entsprechenden Person her ist – es geht darum, dass du es dir bewusst machst und deiner Dankbarkeit dem Menschen gegenüber Ausdruck verleihst.

ÜBUNG

Ein Dankbarkeitsbrief

Schließe deine Augen, und denke nun an einen Menschen, der dir einmal etwas Gutes getan/gesagt hat – etwas, was dir wichtig war und mit dem er einen positiven Einfluss auf dein Leben genommen hat. Es sollte jemanden sein, dem du bislang noch nicht Danke gesagt hast. Schreibe dieser Person einen Dankbarkeitsbrief. Formuliere ihn mit deinen eigenen Worten (ohne tiefer darüber nachzudenken). Schreibe auf, wie viel dir das bedeutet hat, was die Person damals für dich getan/gesagt hat. Dabei geht es mehr darum, deine wahren Gefühle auszudrücken, und weniger um sachliche Inhalte des Geschehens von damals. Schicke den Brief, wenn du ihn verfasst hast, nicht ab, sondern lies dieser Person deinen Brief persönlich vor. Rufe den Menschen, an, und verabrede dich mit ihm/ihr, aber ohne vorab von deinem Vorhaben zu erzählen. Sei offen und gespannt, welche Erfahrung auf dich/euch wartet.

Zufällige Handlungen der Güte

Random acts of kindness

Wir leben in einer Zeit, in der es immer wichtiger wird, Freundlichkeit und Güte zu verbreiten, denn viele Menschen sind innerhalb unserer Leistungsgesellschaft so sehr mit sich und ihrer Arbeit beschäftigt, dass Aufmerksamkeit, Wertschätzung und eine freundliche und wohlwollende Haltung anderen gegenüber oftmals auf der Strecke bleiben. Wir sind an einem Punkt angekommen, an dem es nicht mehr ausreicht, auf die Güte der anderen zu warten. Zu einer freundlicheren Welt kann jeder aktiv etwas beitragen, und es bedarf keiner großen Dinge, um das eigene Umfeld zu einem angenehmeren und friedlicheren Ort zu machen. Jeder Einzelne kann bei sich selbst beginnen, indem er sich eigenverantwortlich zeigt, aktiv wird, Mitgefühl und freundliche Güte in sich selbst erweckt und mit kleinen oder auch großen Taten (je nach Möglichkeit) voranschreitet. Eine einfache Formel ist: *»Gib anderen das, von dem du glaubst und fühlst, dass es ihnen guttut und sie glücklich macht!«*

»Erst wenn wir freundlich mit uns selbst umgehen, können wir auch zu anderen freundlich sein.«

Es heißt, dass beispielsweise Menschen mit einem Ehrenamt in der Regel glücklicher sind als diejenigen, die nicht unentgeltlich für einen guten Zweck arbeiten. Auch einer Studie der amerikanischen Psychologin Sonja Lyubomirsky aus dem Jahr 2005 beweist diesen Effekt. In der Studie wurden die Versuchspersonen dazu aufgefordert, fünf zufällige Aktionen der Freundlichkeit auszuführen. Das Ergebnis nach nur sechs Wochen war, das das Wohlbefinden der Gruppe, die die Aktionen der Freundlichkeit ausgeübt hat, im Vergleich zu einer Kontrollgruppe, die dies nicht tat, bedeutsam gestiegen ist. Fazit: *Anderen zu helfen und Gutes zu bewirken, macht glücklich!* Und sehr wahrscheinlich kennst du das auch: Jemand hilft dir beim Umzug, bringt dir etwas vom Einkaufen mit und erspart dir so den Weg zum Supermarkt, hält dir die Türe auf oder macht dir ein Kompliment zu deiner neuen Frisur. Wie fühlt es sich an, wenn jemand auf dich achtet, dich wahrnimmt, für dich da ist oder um dein Wohl bemüht ist? Es fühlt sich einfach richtig gut an, und diese Wertschätzung deiner Person gegenüber löst ein Gefühl von Freude und Dankbarkeit aus. Das wiederum kann auch derjenige, der hilft, spüren – und so entstehen auf beiden Seiten Glücksgefühle – beim Nehmer wie auch beim Geber.

Güte und Hilfsbereitschaft als Investment fürs Leben

Zufällige freundliche Handlungen und Gesten der Güte auszuüben, löst Glücksgefühle und Freude am Leben aus. Es ist gar nicht so schwer, spontan immer wieder freundlich zu sein und anderen etwas Gutes zu tun.

Ein Film, der mich vor vielen Jahren dazu bewegt hat, selbst Aktionen der Freundlichkeit zu starten, ist »Die fabelhafte Welt der Amelie« (2001). Amélie Poulain ist eine junge Frau, die in einem Vorort von Paris lebt. Als sie hinter einer losen Badezimmerfliese durch Zufall ein kleines Kästchen entdeckt, das die »Schätze« eines Jungen aus den 1950er-Jahren enthält, trifft sie die Entscheidung, Einfluss auf die Menschen und die Welt zu nehmen. Sie entschließt sich, die Schachtel ihrem Eigentümer zurückzubringen. Falls dieser sich gerührt zeigen sollte, möchte sie ihr Leben der Aufgabe, anderen zu helfen und zu ihrem Glück beizutragen, widmen. Tatsächlich findet sie den Besitzer des Kästchens und lässt ihm unerkannt das Kästchen mit den Schätzen seiner Kindheit zukommen. Dieser ist zu Tränen gerührt, und so findet Amélie Gefallen an ihrer neuen Aufgabe und beginnt von da an, den Menschen Freude zu bereiten. »Die fabelhafte Welt der Amélie« ist ein wunderbarer Film und für mich einfach das beste Beispiel dafür, was freundliche Gesten bei anderen Menschen auslösen können und dass es sich immer lohnt, es einfach zu tun! Unsere Welt wäre um einiges schöner, wenn es noch viel mehr Amélies geben würde.

»Jeder Akt der Freundlichkeit, egal, ob groß oder klein, erfreut gleich zwei Herzen.«

Sei die Liebe in Aktion

Be kind whenever possible

Es müssen nicht immer ausgefallene und große Taten sein, du kannst beispielsweise jemandem, der es eilig hat, an der Kasse im Supermarkt den Vortritt lassen oder jemanden, dem es nicht gut geht, unterstützen, indem du etwas für ihn besorgst, oder ihn aufmuntern, indem du ihm einen Kuchen backst. Aktionen der Freundlichkeit sind nichts anderes als Altruismus, was ein anderes Wort für »Uneigennützigkeit« oder »Selbstlosigkeit« ist und bedeutet, dem anderen etwas Gutes zu tun, ohne dabei eigene Ziele zu verfolgen. Es geht ausschließlich um das Wohl des anderen, und daher könnte man Altruismus als das Gegenteil von Egoismus verstehen. Sich altruistisch zu verhalten, löst gute Gefühle in uns aus, denn wir spüren die Freude, das Glück und die Dankbarkeit des anderen und werden somit selbst auf emotionaler Ebene zu Empfängern unserer Wohltaten.

ÜBUNG
Der Freundlichkeitstag

Inzwischen ist bekannt, dass der Effekt der auf uns zurückfallenden Dankbarkeit am größten ist, wenn man fünf Aktionen der Freundlichkeit nicht auf einen Zeitraum, zum Beispiel eine Woche, verteilt, sondern diese an ein und demselben Tag durchführt. Die Intensität des Wohlbefindens wird dadurch maßgeblich gesteigert. Am einfachsten ist es, wenn du dir einen bestimmten Wochentag aussuchst und diesen zu deinem »Freundlichkeitstag« ernennst. An diesem Tag solltest du bis zu fünf Aktionen der Freundlichkeit durchführen. Wichtig ist, dass du diese von Zeit zu Zeit variierst und nicht immer dieselben Aktionen wählst, damit keine Langeweile aufkommt, der positive Effekt immer wieder neu erlebbar wird und nicht durch die Gewohnheit nach und nach verblasst.

Wenn ich deine Neugier erweckt habe und du nun Lust hast, die Übung auszuprobieren, dann habe ich hier einige Ideen für mögliche Aktionen der Freundlichkeit gesammelt. Du kannst schauen, was dich anspricht, oder dich gleich an der ganzen Liste versuchen. Wenn du eine Aktion durchgeführt hast, kannst du einen Haken an das Ereignis machen. Ich habe alle Varianten selbst schon ausprobiert und kann bestätigen, dass sie positive Gefühle auslösen und es wirklich große Freude bereitet, anderen Gutes zu tun.

Eine Ideenliste mit Aktionen der Freundlichkeit:

- Schicke jemandem, den du magst, ein Geschenk (mit oder ohne Absender).
- Backe zwei Kuchen, einen für dich, und mit dem zweiten überraschst du eine andere Person.
- Erstelle für jemanden eine CD mit Liedern, die gute Laune machen.
- Suche zehn Dinge aus deiner Wohnung, und verschenke oder spende sie.
- Hilf jemandem, der krank zu Hause liegt.
- Verschenke Eintrittskarten fürs Kino oder ein Konzert, die du nicht nutzen kannst.
- Wünsche jemandem, zu dem du den Kontakt verloren hast, alles Gute zum Geburtstag.
- Lege für jemanden, der nach dir kommt, ein paar Geldstücke in die Münzrückgabe der Parkuhr.
- Bedanke dich beim Busfahrer/bei der Busfahrerin für die Fahrt mit ihm/ihr.
- Lasse eine Postkarte mit einem netten Spruch auf einem Sitzplatz im Zug/Bus liegen.
- Zahle den Kaffee für jemanden, der nach dir dran ist, gleich mit.
- Erledige das Rasenmähen oder Heckeschneiden für einen Nachbarn mit.
- Schicke einem ehemaligen Lehrer eine Postkarte, auf der du deine Wertschätzung für ihn ausdrückst.
- Besuche eine ältere Person (Familienangehörige/Bekannte), bevor es zu spät ist.
- Poste in sozialen Netzwerken nette Sprüche und lustige Bilder, um gute Laune zu verbreiten.
- Bedanke dich bei deinen Eltern, Großeltern für …
- Kaufe eine Blume, und schenke sie einem Vorbeigehenden, der dir sympathisch ist.
- Organisiere ein Nachbarschafts- oder Straßenfest.
- Besuche jemanden, von dem du glaubst, dass er sich einsam fühlt.
- Lade jemanden, der sich gerade gestresst fühlt, zu einem Sonntagsspaziergang ein,

- Gehe mit jemandem tanzen, der keinen Tanzpartner findet.
- Gehe mit dem Hund eines Nachbarn/Freundes/Bekannten spazieren.
- Gehe mit dem Kind eines Freundes ins Kino, und teilt euch eine Tüte Popcorn.
- Mache jemandem Mut, der gerade eine Lebenskrise erlebt.
- Schaue mit jemandem seinen Lieblingsfilm an.
- Besuche mit jemandem das Konzert seiner Lieblingsband.
- Halte an einem Zirkus oder Zoo an, und spende einen Geldbetrag deiner Wahl für die Tiere.
- Sprich einen Obdachlosen an, und führe eine Unterhaltung mit ihm.
- Kaufe einem Obdachlosen etwas zu essen, oder lade ihn zu einem Imbiss ein.
- Kopiere einen interessanten Artikel, und lasse ihn im Zug oder Bus liegen.
- Hilf jemandem beim Umzug oder Streichen der Wohnung.
- Kümmere dich um ein krankes oder verletztes Tier.
- Stelle im Winter ein Vogelhaus auf, und füttere die Vögel täglich.
- Halte jemandem die Tür auf.
- Lasse jemandem an der Kasse den Vortritt.
- Hilf einem Kind/Jugendlichen bei seinen Hausaufgaben.
- Aktion »Free Hugs«: Umarme jemanden auf der Straße (aber frage ihn vorher!).
- Verschenke ein Buch, das dich besonders inspiriert hat.
- Sammle Müll von der Straße auf, und entsorge ihn.
- Halte die Tür der Bahn für jemanden auf, der es eilig hat.
- Gib im Bus/in der Bahn deinen Sitzplatz an jemand anderen (unabhängig vom Alter) ab.
- Mache jemandem ein aufrichtiges Kompliment.
- Sprich jemandem mindestens einmal am Tag ein ernst gemeintes Lob aus.
- Bringe jemanden zum Lachen – egal, wo: an der Kasse, im Wartezimmer oder auf der Straße.
- Überlasse jemand anderem deine Parklücke, und suche dir einen neuen Parkplatz.

- Gib dein nicht abgelaufenes Parkticket der Person, die nach dir einparkt.
- Gehe zur Blutspende oder zu einer Typisierungsaktion für einen an Leukämie erkrankten Menschen.
- Wenn du im Unfrieden mit jemandem bist und es dir leidtut, sage oder schreibe es ihm.
- Wenn dich jemand um Entschuldigung bittet, vergib ihm.
- Wenn jemand etwas an dir bewundert (Kette, Ring, Tuch, Mütze o.Ä.), verschenke es umgehend an ihn.
- Lächle (allen) Menschen, die dir begegnen, freundlich zu – es braucht keinen Grund!
- Du bist Coach? Dann coache jemanden, der es sich sonst nicht leisten kann.
- Winke einen Fußgänger oder Fahrradfahrer über die Straße, der sonst warten müsste.
- Stelle dich auf eine Autobahnbrücke, und winke den vorbeifahrenden Autofahrern zu.
- Für Mutige: Halte während der Rushhour ein Plakat mit einem inspirierenden Spruch oder einem aufmunternden Satz hoch.
- Klemme einem fremden Autofahrer eine nette Botschaft an die Windschutzscheibe.
- Schenke jemandem Blumen oder etwas anderes Schönes (unabhängig davon, ob jemand gerade Geburtstag hat, Muttertag oder etwas Ähnliches ist).
- Unterstütze eine Aktion oder ein Hilfsprojekt mit einer Spende (egal, ob Sach- oder Geldspende).
- Gehe in einen Kiosk, und lege eine hübsche Postkarte oder einen Zettel mit einer netten Botschaft wahllos in eine Zeitung deiner Wahl hinein.

Sammle eigene Ideen, wenn du magst, und ergänze die Liste.

Gib, ohne zu erhalten

Pay it forward

Wenn wir Großzügigkeit erleben, weil uns jemand etwas Gutes tut, dann animiert uns das dazu, ihn nachzueifern. »Pay it forward« ist sozusagen das Prinzip, dass jemand, der selbst Freundlichkeit und Güte erlebt hat, sich anschließend auch anderen gegenüber wohlwollender und großzügiger verhält. Damit ist gemeint, dass wir etwas von uns weitergeben können, dass wir etwas Gutes für andere tun können, ohne eine Gegenleistung zu erwarten. Dazu zählt, anderen zu helfen, ohne im Gegenzug eine Belohnung dafür zu bekommen, etwas zu schenken, ohne vorauszuberechnen, ob wir ein Geschenk zum Ausgleich bekommen, anderen spontan etwas von unserer Energie zu geben, ohne zu überlegen, ob sich unser Einsatz irgendwann einmal für uns selbst bezahlt macht. Ein empfehlenswerter Film zu dem Thema ist »Das Glücksprinzip« (2000), in dem genau dieses Pay-it-forward-Prinzip angewendet wird. Ein kleiner Junge namens Trevor wird von seinem Lehrer angespornt, die Welt zu verbessern. Daraus entwickelt er die Idee, drei Menschen etwas Gutes zu tun. Diese drei Menschen sollen den Gefallen nicht erwidern, sondern drei weiteren Menschen etwas Gutes tun, damit sich die guten Taten und das Glück nach dem Schneeballsystem weiter ausbreiten.

ÜBUNG

3 Menschen – 3 Wohltaten

Suche drei Personen aus deinem persönlichen Umfeld, denen du etwas Gutes tun möchtest. Notiere die Namen, und überlege, womit du ihnen eine Freude machen kannst, und setze es in die Tat um. Wenn du deine Aktion durchgeführt hast, erkläre ihnen deine Unterfangen, und sage ihnen, dass sie dir nicht danken oder sich revanchieren müssen, sondern dass ihre Aufgabe jetzt darin bestehe, drei weitere Personen zu finden, denen sie etwas Gutes tun können, damit die Pay-it-forward-Kette weitergeführt wird – zum Wohle aller Beteiligten und als Beitrag für eine bessere Welt.

»Wahres Glück empfinden wir im Geben, denn wer andere glücklich macht, wird selbst glücklich.«

Die eigenen Stärken stärken

Boost your strength

Je früher wir unsere Stärken erkennen und beginnen, sie auszuleben, umso leistungsfähiger, zufriedener und widerstandsfähiger/resilienter sind wir. Idealerweise fangen schon Eltern damit an, die Stärken ihrer Kinder zu fördern, anstatt ihnen ihre Schwächen vorzuhalten. Und auch das Schulsystem täte gut daran, Kinder nicht permanent auf ihre Defizite aufmerksam zu machen, sondern ihre Stärken gezielter zu fördern. Menschen, die sich ihrer Stärken bewusst sind, haben in sich einen unerschütterlichen Kern, auf den sie sich jederzeit verlassen können und der ihnen auch in schwerer Zeit den nötigen Halt gibt. Selbstwert und Selbstbewusstsein eines Menschen bilden sich, wenn dieser um seine eigenen Stärken weiß.

»Der Schatz im Bergsee«

Eine Weisheitsgeschichte über die eigenen Stärken und Fähigkeiten

Es war einmal ein Mann, der unbedingt reich werden wollte. Und weil er von einem alten Weisen gehört hatte, machte er sich auf den Weg zu ihm. Der Weise lebte in einer Hütte. Der Mann trat ein und begrüßte ihn. Ohne dass ihm der Mann sein Anliegen vorgebracht hatte, sagte der Weise zu ihm: *»Komm mit, ich führe dich zu Reichtum.«*

Der Mann folgte ihm. Der Weg war steil und anstrengend. Schließlich erreichten sie einen klaren Bergsee. Der Weise zeigte auf den Grund des Sees, wo etwas glitzerte: *»Da unten ist ein Schatz, mit dem du reich wirst.«*

Dem Mann kamen Zweifel. *»Ich kann nicht gut schwimmen und tauchen, und der Schatz scheint sehr tief zu liegen. Auch ist das Wasser sehr kalt.«*

Der Weise lächelte: *»Vielen Menschen geht es so. Sie zweifeln, ihnen fehlt der Mut, sie hören nicht auf ihre innere Stimme. Und so warten sie ein Leben lang, dass ihnen etwas zufällt.«*

Der Mann nahm all seinen Mut zusammen und tauchte ins kalte, klare Wasser. Als er wieder an die Oberfläche kam, strahlte er über das ganze Gesicht und zeigte dem Weisen seine Hand voll mit Edelsteinen.

»Mache dir bewusst, dass du deine Zweifel stärkst, wenn du an deinen Stärken zweifelst.«

ÜBUNG

Reflected best-self

Jedes Mal, wenn du ein bestimmtes Ziel erreichen möchtest, dann erinnere dich an diese Geschichte. Der Mann wollte Reichtum und ist trotz anfänglicher Zweifel ins kalte Wasser gesprungen. Er hat seinen Mut zusammengenommen und damit seine Angst überwunden. In jedem von uns liegen Stärken, Fähigkeiten und Talente, die es gilt, an die Oberfläche zu holen. Hast du dich schon einmal bewusst mit deinen wahren Stärken beschäftigt? Wahrscheinlich kannst du in relativ kurzer Zeit fünf bis zehn Schwächen von dir aufzählen. Aber wie sieht es mit deinen Stärken aus? Die Reflected-best-self-Übung ist hilfreich, um deine wahren Talente, Fähigkeiten und Stärken zu entdecken, kennenzulernen und gezielter einzusetzen.

Schritt 1: Erkenne deine Stärken

Frage eine vertraute Person in deinem Leben, was sie an dir besonders mag und schätzt. Das kann jemand aus dem Freundes- und Bekanntenkreis oder auch aus deiner Familie sein. Frage im beruflichen Umfeld deine Kollegen. Möglicherweise wirst du erstaunt sein, welche Stärken sie erkennen. Es geht bei der Übung nicht darum, Komplimente einzuholen, sondern darum, ein ernst gemeintes Feedback zu deiner Person einzuholen.

Feedback von Personen:

Meine Stärken/besonderen Fähigkeiten:

1	2	3	4	5
6	7	8	9	10

Schritt 2: Identifiziere deine Muster

Nachdem du nun deine Stärken gespiegelt bekommen hast, ist die Wahrscheinlichkeit groß, dass dich einige Antworten freuen und im Herzen berühren, und vielleicht sind auch Antworten dabei, die dich überraschen. Jetzt geht es darum, deine Stärken in »bewusst« und »unbewusst« aufzuteilen.

Meine mir bewussten Stärken	Meine mir unbewussten Stärken

Schritt 3: Schreibe dein Stärkenprofil

Schreibe auf, worin du gut bist! In welchen Situationen kannst du welche Stärken beweisen und einsetzen? Dein Stärkenprofil kannst du beispielweise sehr gut für zukünftige Situationen nutzen oder auch in Zeiten, in den es dir nicht so gut geht. Du kannst immer wieder einen Blick darauf werfen, um dich an deine wahren Stärken zu erinnern.

Worin bin ich gut? (mind. fünf Situationen)

1	2	3	4	5

Schritt 4: Nähre deine Stärken

Der wohl wichtigste Punkt ist Schritt 4, in dem es darum geht, deine Stärken zu nähren. Schreibe auf, wo du deine Stärken in Zukunft öfter einsetzen kannst. Schaue, wo du die Stärken noch besser einsetzen kannst – vielleicht eher im privaten oder im beruflichen Umfeld? Wenn du deine Stärken besser ausleben kannst als bislang, wird dich das weiter voranbringen, und du wirst dabei noch mehr Lebensfreude und Selbstzufriedenheit erleben.

Zehn Situationen, in denen ich künftig meine Stärken/ Fähigkeiten gezielter einsetzen kann:

1	2	3	4	5
6	7	8	9	10

Aus Fehlern lernen und daran wachsen

The best teacher is your last mistake

Das Leben bietet uns auf vielfältige Art und Weise Möglichkeiten und Chancen, um Erfahrungen zu sammeln. Alle Erfahrungen, die wir machen, sind mit Emotionen verknüpft, somit erlangen wir auf der seelischen Ebene Wachstum und Reife. Wir leben, um zu lernen, um das Leben zu begreifen, uns selbst kennenzulernen und unserem wahren göttlichen Kern so nahe wie möglich zu kommen. Das Leben ist ein schöpferischer Prozess, daher bedarf ein Fehler einer Korrektur und keiner Strafe. Wir können lernen, nicht zu streng zu uns selbst zu sein und nicht mehr so harte Urteile über uns zu fällen. In dem Moment, in dem wir etwas als Fehler erachten, haben wir zwei Möglichkeiten: Wir können uns darüber ärgern, dafür verurteilen, schämen oder schuldig fühlen, oder wir nutzen diese Erfahrung, um uns geistig und seelisch weiterzuentwickeln. Ein Fehler kann einen Sinn und Zweck haben, wenn wir erkennen, was wir das nächste Mal anders machen können. Wenn wir ihn nicht als Erfahrung betrachten, berauben wir uns selbst der Möglichkeit, aus ihm zu lernen und daran zu wachsen. Wir sollten stets neugierig und motiviert sein, uns immer wieder für neue Erfahrungen zu öffnen. Das kann uns im Leben voranbringen, auch wenn wir einmal einen Rückschlag oder Misserfolg erlebt haben. Sobald wir uns nicht mehr für einen Fehler verurteilen, sondern ihn als veränderungswürdige Erfahrung anerkennen, wird sich alles einfacher und leichter anfühlen und die Bereitschaft mit sich bringen, sich weiter zu entwickeln.

ÜBUNG
Den Beobachter stärken

Jedes Mal, wenn du glaubst, dass du einen Fehler gemacht hast, halte dir vor Augen, was du aus der Erfahrung lernen kannst. Mache dir bewusst: Du bist schon perfekt, so, wie du bist, auch wenn du hier und da einmal einen Fehler machst! Das gehört zum Leben dazu, wie solltest du dich sonst auch weiterentwickeln? In dem Moment, in dem du annimmst, dass du schon vollkommen bist, hört das Streben nach Perfektion auf. Du bist perfekt und erlaubst dir auch, Fehler zu machen, denn sie sind da, um daraus zu lernen. Vielleicht stört dich auch das Wort »Fehler«, dann versuche, es geistig

einfach umzuformen. Du könntest anstatt *»Ich habe einen Fehler gemacht«* denken oder sagen *»Ich habe eine Erfahrung gemacht«*.
Das hilft dir dabei, den Fehler nicht mehr nur negativ zu bewerten, und nimmt dir auch das Gefühl von Schuld, Scham und Angst. Sei gewiss, dass du durch jede deiner Handlungen immer auch eine wichtige Erfahrung sammelst. Benenne deinen vermeintlichen Fehler, und schreibe ihn auf einen Zettel. Betrachte zum Schluss alle deine Gedanken und Gefühle, die damit verbunden sind, und die Erkenntnisse, die du aus der Erfahrung gezogen hast. Schreibe sie ebenso dazu. Behalte den Zettel nur so lange, bis der Prozess für dich abgeschlossen ist und du spürst, dass du dich nicht mehr für deinen Fehler verurteilst, sondern die seelische Reife annehmen und spüren kannst, die du dadurch erlangt hast.

»Fehler passieren, um die Erfahrung zu machen, dass wir beim nächsten Mal etwas anders machen können.«

Und täglich grüßt das Murmeltier …

Wahrscheinlich kennen das die meisten Menschen aus dem eigenen Leben: Jeder Tag verläuft nach dem gleichen Schema. Unser Leben und unsere Handlungen unterliegen meist einem festen Rhythmus: Wir stehen zur selben Zeit auf, nehmen denselben Weg zur Arbeit, machen zur selben Zeit mit denselben Kollegen Mittagspause, essen das, was wir bereits kennen, anstatt etwas Neues auszuprobieren … und so ließe sich die Liste bis zum Zubettgehen wohl noch mit vielen Dingen weiter fortsetzen. Unser Leben verläuft in festen Bahnen und Strukturen, und somit bemerken wir oftmals gar nicht, dass alle Handlungen zur Angewohnheit werden. Es ist ein immer wiederkehrender Ablauf, dem wir unterliegen und der uns zum Teil auch langweilt und in eine gewisse Trägheit und Dumpfheit bringt. Wenn unser Leben nach festen Strukturen verläuft, kann uns das auf der einen Seite zwar das Gefühl von Orientierung, Stabilität, Sicherheit und Schutz bieten, aber es bleibt daneben kein Raum für neue Erfahrungen. Wer immer dieselben Wege nimmt, wird schnell den Blick für die kleinen Details verlieren. Wer immer mit denselben Kollegen zum Essen geht, verschließt sich für neue Begegnungen. Wer immer dasselbe Essen isst, wird nie die Vielfalt und Köstlichkeit anderer Speisen wahrnehmen. Das Leben wird aber gerade dann spannend, wenn wir uns öffnen und Abwechslung in unser Leben bringen. Gewohnheiten abzulegen und feste Abläufe zu durchbrechen, ist nicht leicht, aber eine gewinnbringende Sache für diejenigen, die es ausprobieren. In festgefahrenen Gewohnheiten zu verweilen, kann bequem sein, beraubt uns aber der Möglichkeit, unseren Geist zu öffnen, um Neues zu erforschen. Erst wenn wir bereit sind, unsere Komfortzone und den Routine-Modus zu verlassen, werden wir augenblicklich neugierig und offen für neue Erfahrungen. Diese Haltung nährt wiederum unseren Anfängergeist.

»Ich gehe eine Straße entlang«[8]

Eine Weisheitsgeschichte über Bewusstwerdung, Lernen und Veränderung

Ich gehe eine Straße entlang.
Da ist ein tiefes Loch.
Ich falle hinein.
Ich bin verloren.
... Ich bin ohne Hoffnung.
Es ist nicht meine Schuld.
Es dauert endlos, wieder herauszukommen.

Ich gehe dieselbe Straße entlang.
Da ist ein tiefes Loch.
Ich falle wieder hinein.
Ich kann nicht glauben,
schon wieder am gleichen Ort zu sein.
Aber es ist nicht meine Schuld.
Immer noch dauert es sehr lange, herauszukommen.

8 aus: Sogyal Rinpoche: *»Das tibetische Buch vom Leben und Sterben«*, 2006. Droemer Knaur Verlag

Ich gehe dieselbe Straße entlang.
Da ist ein tiefes Loch.
Ich falle schon wieder hinein ...
aus Gewohnheit.
Meine Augen sind offen.
Ich weiß, wo ich bin.
Es ist meine Schuld.
Ich komme auch sofort wieder heraus.

Ich gehe dieselbe Straße entlang.
Da ist ein tiefes Loch.
Ich gehe darum herum.

ÜBUNG

Neue Wege gehen

Jedes Mal, wenn du eine Erfahrung machst, erhältst du die Möglichkeit, daraus etwas zu lernen. Verstehe eine Erfahrung, egal, ob sie positiv oder negativ ist, als Geschenk, denn sie gibt dir die Chance, durch sie zu wachsen, zu lernen und dich zu verändern. Grundvoraussetzungen für Veränderung sind Achtsamkeit und Bewusstsein.
Frage dich:

**Traue ich mich, Wege zu gehen,
die ich noch nicht kenne?
Verlasse ich bekannte Wege und
wage mich in unbekannte Gebiete vor?
Oder bleibe ich lieber auf einer
mir bekannten und eingefahrenen Spur?**

Indem du etwas bewusst wahrnimmst und bei jedem deiner Schritte achtsam bist, kannst du ungute Wege verlassen, neue Wege finden und dich entschließen, sie zu gehen. Unsicherheit und Angst verschwinden meist mit jedem weiteren Schritt, den du gehst. Suche dir einfach neue Wege, wenn du zur Arbeit, zur Schule oder zu einem Treffen fährst. Benenne einen Tag in der Woche, an dem du nicht den gewohnten Weg nimmst, sondern ganz bewusst einmal eine ganz neue Wegstrecke ausprobierst. Schaue, welche neuen Eindrücke dich erwarten und was du alles Neues auf dem unbekannten Weg entdecken kannst.

»Veränderung ist nicht immer leicht, aber sie ist jederzeit möglich, wenn du bereit bist, sie geschehen zu lassen.«

Nachwort

Ich hoffe, dass dir das Buch gefallen hat und du einige Anregungen und Ideen darin gefunden hast, wie du mehr Achtsamkeit in dein Leben bringen, dein Herz noch ein Stück weiter öffnen und mithilfe der Positiven Psychologie noch mehr Glück und Freude in dein Leben einladen kannst. Vielleicht konntest du schon beim Lesen etwas mehr von dir und deinem wahren Kern entdecken und bist neugierig geworden, die eine oder andere Übung im Alltag anzuwenden, um dich von ihrer Wirkung zu überzeugen.
Danke, dass du deiner inneren Stimme gefolgt bist, das Buch zu erwerben, und du die Offenheit und Bereitschaft besitzt, Selbsterkenntnis zu erlangen und dich deinem eigenen Erwachen zu widmen. Zu deinem Wohle und zum Wohle aller in der Welt!

Mögest du gesund und glücklich sein,
mögen wir alle gesund und glücklich sein!

Worte zum Dank

»Das Tao der Achtsamkeit« ist bereits mein siebtes beim Schirner Verlag veröffentlichtes Buch, daher möchte ich mich an dieser Stelle ganz besonders bei Markus und Heidi Schirner für ihr Vertrauen und ihre Unterstützung bedanken, denn sie haben mich auf meinem Weg als Autorin maßgeblich vorangebracht. Weiterhin möchte ich meiner Lektorin Karin Garthaus für die herzliche und kompetente Zusammenarbeit, den Grafikern, die mit Kreativität, Knowhow und Liebe zum Detail jedem Werk eine ganz besondere Note verleihen, sowie dem gesamten Team des Schirner Verlages, die alle mit viel Liebe und Mühe für uns Autoren da sind, danken. Ich bin sehr dankbar, dazugehören zu dürfen, und fühle mich so gut aufgehoben wie in einer Familie. Bedanken möchte ich mich auch bei meiner Familie, die mich in den Phasen des intensiven Schreibens immer unterstützt und mir Sachen abnimmt, damit der Flow nicht unterbrochen wird. Mein Dank gilt auch allen Menschen, denen ich begegnet bin, von denen ich lernen durfte, und Danke an alle meine Klienten, mit denen ich tiefe Prozesse erlebt habe und die somit auch zu diesem Buches beigetragen haben.

Über die Autorin

Sandra Waldermann-Scherhak ist Heilpraktikerin Psychotherapie, systemische Familientherapeutin, wingwave®-Coach und Achtsamkeitspraxislehrerin und geht den bewussten Weg der spirituellen Entwicklung. Durch eine Vielzahl von Ausbildungen und Seminaren erweiterte sie stetig ihr Wissen. Seit 2008 bietet sie in ihrer eigenen Praxis Hilfe suchenden Menschen psychospirituelle Lebenshilfe an. Während ihrer Tätigkeit als Therapeutin konnte sie immer wieder die Erfahrung machen, dass Menschen im Laufe ihres Lebens zu stark im Denken verhaftet sind und dabei den Kontakt zu ihren Gefühlen verloren haben. Die Essenz ihrer Arbeit liegt vor allem darin, Menschen zu ihrem eigenen Herzen zu führen und dort vorhandene emotionale Blockaden sanft zu transformieren. Neben Einzelsitzungen und Coachings gibt sie auch Seminare und Workshops und arbeitet erfolgreich u.a. mit der Quantenheilung, mit Ho'oponopono und mit eigenen Ansätzen zur spirituellen Herzbildung und zur achtsamkeitsbasierten Herzensbildung.

www.waldermann.com
www.achtsamkeits.center

Bildnachweis

Hintergrund und Ornamente: »Vector sun arabesque background«, designed by Freepik.com, www.freepik.com

Bilder von der Bilddatenbank www.shutterstock.com:

S. 12: # 129655055 (Bernice Williams), S. 31: # 146111387 (number_two), S. 35: # 80168047 (Lucy Baldwin), S. 37: # 172742237 (jurra8), S. 42: # 50218399 (haveseen), S. 46: # 110027258 (FWStudio), S. 52: # 177258551 (Panom Pensawang), S. 56: # 247843162 (Guitar Photo Home), S. 63: # 195844319 (Banana Republic images), S. 67: # 270186392 (Aleksandar Mijatovic), S. 70: # 104866655 (Africa Studio), S. 73: # 231875113 (Gavran333), S. 79: # 188126501 (Yaping), S. 80: # 148473671 (Gita Kulinitch Studio), S. 89: # 93948685 (AJ Gagnon), S. 92: # 123884971 (AntonSe), S. 95: # 192104456 (Calek), S. 98: # 79465882 (Ola Lundqvist), S. 104: # 196353194 (Evgeniya Uvarova), S. 109: # 124732825 (Natasha Breen), S. 130: # 144797773 (Sunny Forest), S. 137: # 21842392 (Pavelk)

Literaturverzeichnis

Ajahn Brahm: »Die Kuh die weinte«, 2006. Ansata/Integral Verlag

Myokyo-ni (Irmgard Schlögl): »Die Weisheit der Zen Master«, 2012. Werner Kristkeitz Verlag, www.kristkeitz.de

Shamash Alidina, »Zuviel wollen« aus »Achtsamkeit für Dummies«, Seite 43, 2011. Copyright Wiley-VCH Verlag GmbH & Co. KGaA. Reproduced with permission.

Sogyal Rinpoche: »Das tibetische Buch vom Leben und Sterben«, 2006. Droemer und Knaur Verlag

Tania Konnerth: »Das perfekte Haus«, aus: Dies., Aus der Schatzkiste des Lebens. Geschichten, die ein Lächeln schenken © Verlag Herder GmbH, Freiburg i. Br. 2015, S. 88

Ebenfalls von der Autorin erschienen im

Schirner Verlag

Das Kartenset zum Buch:

Sandra Waldermann-Scherhak
Das Tao der Achtsamkeit
Impulse zum spirituellen Wachstum
54 Karten mit Anleitung
ISBN 978-3-8434-9072-6

Achtsamkeit ist wie eine Blume. Der Same dieses Pflänzchens ist bereits in jedem von uns angelegt. Es kann nur gedeihen, wenn man ihm mit Liebe begegnet und es nährt. Das Kartenset lädt uns dazu ein, achtsam zu sein und jeden Moment des Lebens bewusster und intensiver wahrzunehmen. 54 Karten unterstützen uns mit Übungen und Impulsen dabei, uns verschiedenen Lebensthemen zu öffnen und diesen mit mehr Aufmerksamkeit zu begegnen. Denn: Aus der Achtsamkeit können Erleuchtung, Bewusstsein, Verständnis, Fürsorge und Mitgefühl erwachsen. Und das jederzeit.